点石成金

学校文化特色建设的思考与实践

姚忠 —— 著

文汇出版社

目　录

前言　/ 1

第一章　追本溯源：学校文化建设的理论依据与发展内涵　/ 1

第一节　应时代之声：小学教育的发展需要　/ 3
第二节　重实践之用：学校文化的理论经验　/ 5
第三节　承文化之根：小学文化建设的责任担当　/ 10

第二章　同向而行："金石文化"建设发展脉络　/ 17

第一节　薪火相传：一脉相承的教育核心价值体系　/ 19
　　附：学校办学史案例一　/ 23
　　附：学校办学史案例二　/ 24
第二节　以石为鉴：由篆刻到金石文化的创生发展　/ 27
第三节　一路同行：以金石为特色的学校文化生成　/ 35
　　附：金石文化课程育人案例　/ 39

第三章　精诚所至：独具特色的学校"金石文化"体系构建　/ 45

第一节　金石文化的核心价值　/ 47
第二节　金石文化的生态系统　/ 54
　　附：精神文化建设案例　/ 64

第四章　金石华彩："金石文化"实践过程与实施特色　/ 67

第一节　物质文化：发挥金石文化的载体支撑作用　/ 69
第二节　精神文化：发挥金石文化的价值引领作用　/ 84
　　附："衡石青年社"暑期成长营活动纪实　/ 89
第三节　行为文化：发挥金石文化的行动支持作用　/ 93
　　附：劳动课程案例　/ 133
　　附：金石课程学习案例　/ 139
　　附：金石评价案例　/ 140
　　附：金石文化研学之旅案例　/ 144
第四节　制度文化：发挥金石文化的综合保障作用　/ 146
　　附：学校规章制度例举　/ 156

第五章　金石烁烁:"金石文化"可持续创新系统构建 / 159

第一节　理念创新:以守正开拓丰富金石文化育人价值 / 162
　　附:多学科融合实践案例 / 168
第二节　方法创新:以技术迭代拓展金石文化育人手段 / 172
第三节　路径创新:以多方合作探索金石文化育人形态 / 178
　　附:家校协同育人案例 / 185

第六章　砥砺前行:"金石文化"发展思考与未来展望 / 187

第一节　由古至今:汉字文化的历史变迁 / 189
第二节　现实对接:政策赋予的时代内涵 / 193
第三节　不忘初心:文化之路上行稳致远 / 201
第四节　未来展望:育人生态的全面建构 / 205

后记 / 208

前　言

学校文化作为学校的核心,是驱动学校持续发展的内在动力。位于上海市嘉定区的方泰小学在其文化建设过程中,注重继承与创新,特别是在金石文化的融入上,形成了独特的文化生态体系,推动了学校的全面发展。本书《点石成金——学校文化特色建设的思考与实践》正是基于方泰小学在学校文化建设上的创新与发展,旨在为教育同仁提供有益的实践经验与理论参考。

学校文化建设作为学校整体发展的重要组成部分,其意义不仅仅在于塑造学校的外在形象,更在于通过文化的力量提升学校的办学质量,培养学生的核心素养。在当前教育改革的背景下,学校文化建设成为提高教育质量、培养学生全面发展的关键环节。特别是在小学阶段,这一阶段作为学生身心发展的关键期,学校文化对学生的影响尤为深远。方泰小学通过深刻挖掘金石文化的内涵,结合现代教育理念,形成了具有鲜明特色的学校文化。金石文化作为方泰小学独特的文化载体,它不仅承载着传统的文化精髓,还在学校教育中发挥着巨大的作用。

本书分为六章,第一章通过分析学校文化的概念与内涵,阐述了学校文化在小学教育中的重要性,并总结了当前学校文化建设的理论基础和实践经验。在此基础上,本书进一步展开方泰小学的金石文化建设,探讨金石文化如何在现代教育中找到其独特的文化价值和实践路径。第二章回顾了金石文化的历史渊源,特别是金石文化在方泰小学的发展历程,并详细探讨了金石文化如何成为学校文化的重要组成部分。第三章重点分析了金石文化在学校文化微观生态系统中的作用,探讨了金石文化如何在学校文化建设中发挥精神导引作用。第四章详细介绍了金石文化在方泰小学的实际运用,包括精神文化、物质文化、行为文化和制度文化几大方面的具体实践与创新。第五章探讨了金石文化理念的创新如何推动学校发展,并分析了技术创新与多方合作对学校文化建设的促进作用。最后,第六章结合方泰小学的实践经验,提出了未来学校文化建设的方向与思考,展望金石文化在未来教育中的广泛应用与发展前景。

方泰小学的金石文化建设不仅仅是对传统文化的继承,更是对现代教育理念的创新与实践。学校通过将金石文化与教学、管理、环境等各方面深度融合,构建起了独具特色的学校文化生态。方泰小学通过金石文化的理念创新与实践探索,形成了具有深远影响的教育模式,为教育同仁提供了宝贵的经验和启示。

  本书不仅总结了方泰小学在金石文化建设中的经验,也力图为更多的教育工作者提供理论支持和实践参考。通过对学校文化建设的深入剖析,我们可以看到,在新时代的教育背景下,学校文化的创新与发展对于培养学生的核心素养、促进学校的内涵发展具有重要意义。金石文化作为方泰小学的一张文化名片,展现了教育与传统文化相结合的深刻内涵,也为学校文化建设提供了新的视野和方向。

第一章

追本溯源：学校文化建设的理论依据与发展内涵

第一节 应时代之声：小学教育的发展需要
第二节 重实践之用：学校文化的理论经验
第三节 承文化之根：小学文化建设的责任担当

第一节 应时代之声：小学教育的发展需要

小学是我国教育体系的重要组成部分，是基础教育的重要机构，承担着提高受教育者素质、培养现代社会的劳动者和各级各类专门人才、传承与创新文化等重要任务。在实现德智体美劳全面发展的进程中，学校文化建设是促进立德树人的重要途径。学校文化的建设是学校教育的重要组成部分，是实现依法治校、依法治教的重要环节，是传承传统文化和开展德育的重要内容。切实开展学校文化建设，是贯彻社会主义核心价值观、坚持立德树人、实现文化育人的重要途径，能有效促进学生、教师和学校的发展。学校文化能促进学生关键能力的形成，使其更好地适应现代社会的发展需求；能推动学校办学质量的提升，为其提供规范办学和特色办学的良好平台。

我国历来重视学校文化建设，新世纪以来国家颁布重要教育政策，加强各级各类学校的学校文化建设，小学文化建设始终处于基础、关键的地位。2019年，教育部办公厅发布了《关于开展体育美育浸润行动计划的通知》，该通知强调，要深入推进新时代学校体育美育工作的改革创新，促进教育资源的公平分配与优化整合。文件特别指出，要大力弘扬中华优秀传统文化，坚持走特色化发展道路。各地应结合自身地域文化特点，加强分类指导，充分利用中小学校现有的资源优势，鼓励学校在内涵发展上下功夫，因地制宜、因校施策，打造具有鲜明特色的体育美育课程体系和实践品牌，最终形成"一校一品"或"一校多品"的多样化发展格局。这一政策的实施，旨在通过体育美育的浸润式教育，全面提升学生的综合素质，推动学校特色化、个性化发展。2022年，文化和旅游部办公厅、教育部办公厅、国家文物局办公室联合发布了《关于利用文化和旅游资源、文物资源提升青少年精神素养的通知》。该通知明确提出，要充分发挥文化和旅游资源以及文物资源的独特优势，通过创新阵地服务资源的利用方式，推动优质文化服务进入校园，深化"文教合作"机制的落实，丰富青少年的精神文化生活，全面提升其精神素养，倡导各地积极探索文化和旅游资源与学校教育相结合的有效途径，创新服务模式，将优质的文化资源引入校园。同时，通过推进"文教合作"机制，加强文化与教育部门的协同联动，形成合力，共同推动青少年文化教育的深入开展。通知还特别指出,要充分利用革命文物、历史遗址等资源,开展革命传统教育和爱国主义教育,帮助青少年树立正确的历史观、民族观和文化观,结合青少年的年龄特点和认知规律,设计形式多样、内容丰富的文化活动,激发青少年对中华优秀传统文化的兴趣和热爱。2025年,中共中央、国务院印发了《教育强国建设规划纲要(2024—2035年)》,纲要指出,坚定文化自信,加强社会主义先进文化、革命文化和中华优秀传统文化教育,分学段有序融入思想政治教育。学校文化建设是我国中小学教育的重要组成部分,在促进立德树人、学生德智体美劳全面发展、核心素养发展方面具有深远、基础性作用,中小学文化建设的重要性随着时代发展而不断受到国家重视,文化建设已成为中小学发展建设的重要环节与有机组成部分。应时代之声,推进小学文化建设有着深厚的政策基础、文化基础与实践基础。

第二节　重实践之用：学校文化的理论经验

一、学校文化的概念内涵

在我国的基础教育领域，随着教育实践与文化建设的不断推进，对基础教育阶段的学校文化建设进行的研究日益深入。这些研究在汇总多校的文化建设经验后，推动了学校文化建设理论的发展，并为理解小学层面的学校文化提供了坚实的理论基础。此外，一些学者已经就小学的文化建设提出了具体的理论模型。例如，马云鹏与谢翌在他们的研究中阐述了学校文化构成的元素，包括教育愿景、社会主义核心价值观、仪式和传统活动、校史故事、建筑和其他人造环境等，并指出这些元素的核心是全体师生普遍认同的价值观与信仰体系①。有效的学校文化建设应当深度挖掘并利用学校独有的文化元素，且这些元素应作为学校象征性领导的核心，促进学校文化各构成部分的有机融合，形成具有强大凝聚力的学习共同体。根据杨君与阳德华的研究，构建一种尊重、关爱生命的学校文化是优质学校文化建设的终极目标，使学校成为一个满载成长与学习机会的理想环境②。

目前，对学校文化的内涵、内容研究较多，有二分法"物质—精神"说、三分法"物质—精神—制度"说、四分法"物质—精神—制度—习俗"说等③④。也有研究站在学校发展实践与文化建设经验角度，较为宽泛地来讨论学校文化建设的不同面向，涵盖多个层面，包括精神文化、物质文化、制度文化、课程与教学文化，以及校风等方面。其中，精神文化建设构成了学校文化的核心内容，其范畴涉及办学理念、教育价值取向、思维方式及价值观念等多个维度。精神文化建设的关键在于学生的内在心理活动，它

---

① 马云鹏、谢翌《学校文化的理解与建设——优质学校建设共同体学校的经验解读》，《当代教育论坛》2006年第1期，第36—41页。
② 杨君、阳德华《普通小学校园文化建设的现状及对策》，《科技创新导报》2009年第27期，第163页。
③ 顾明远《论学校文化建设》，《西南大学学报（人文社会科学版）》2006年第5期，第67—70页。
④ 谢翌《关于学校文化的几个基本问题》，《外国教育研究》2005年第4期，第20—24页。

的重点在于学生的文化体验及精神感受,以及这些体验和感受所带来的满足感与意义感①。此外,精神文化建设还倡导构建"人人皆能成才"的学生观,并推崇平等、民主、和谐的师生关系,强调爱与兴趣在教育实践中的核心作用。这一建设不仅关注学生的认知能力培养,更注重其情感和价值观的塑造,旨在构建一个促进学生全面成长的精神生态。另一方面,物质文化建设是学校文化的重要组成部分,其内容主要涉及校舍建设、校园规划及环境布置等方面。物质文化不仅是教育教学活动得以顺利开展的基础保障,同时也是学校精神风貌的外在体现。通过科学合理的校园设计与环境布置,学校能够营造出一种积极向上的文化氛围,使学生在潜移默化中受到熏陶。例如,校园中的建筑风格、绿化布局、文化墙设计等,都能够传递学校的办学理念与价值追求,成为学校文化的重要载体。物质文化建设应以人为本,特别是以学生为本,注重师生在学习、生活环境中的舒适感、多样性和教育意义。同时,重视仪式、标志等文化符号的建设,以反映学校的精神面貌。制度是保障学校工作有条不紊进行的基础,而制度建设中包含特定的文化要素。制度文化应与办学理念相结合,明确职责,使全校师生知道哪些可以做、哪些不可以做。课程和教学不仅是知识文化的传承,更是文化的载体。课程与教学文化建设强调,鼓励全校师生探讨课程和教学的文化内涵,结合学校实际制定课程方案,教学中注重价值观、思想情感的熏陶,而非仅传授知识。校风是学校文化的综合体现,包括学校的思维方式、治学态度及师生行为表现。它体现在领导班子的办学理念、人文管理精神,教师的敬业笃学、教书育人品质,以及学生的刻苦钻研、开拓进取精神等方面。

学校文化建设贯穿于学校的教学、科研、管理、日常生活以及各类校园活动之中,是推动学校整体和谐发展的重要载体②。具体而言,学校文化建设的任务主要包括以下四个方面:首先,以爱国主义教育为核心,引导学生树立正确的人生观、思想观和价值观,深入弘扬社会主义核心价值观念;其次,加强校风建设,营造积极向上的道德风尚,使学生展现出健康、阳光的精神风貌;再次,开展形式多样、内容丰富的校园文化活动,将德育、智育、体育、美育和劳动教育有机结合,通过寓教于乐的方式全面提升学生

---

① 薛晓阳《学校精神文化建设的新视野》,《教育研究》2003年第3期,第26—31页。
② 刘西梓《小学校园文化建设浅析》,《科学大众(科学教育)》2019年第5期,第53页。

的综合素质;最后,加强校园软硬件设施的建设与优化,通过科学合理的环境布置,为学生创造一个良好的学习氛围,促进其全面发展。

学校文化,指的是在校园环境中逐步形成的一种独特文化生态,它以学生为中心,以多样化的文化活动为主要表现形式,并依托校园空间作为承载平台,同时以校园精神为核心特质。这一文化形态属于群体性文化现象,与学校的教育目标、校风校纪以及师生的日常行为方式紧密相连。学校文化的构建并非一蹴而就,而是在长期的教学实践、科研探索和管理运行过程中逐步积淀而成,并且这一过程离不开全体师生的积极参与和共同塑造。学校文化在改善学生的知识结构、加强学校与社会的互动、传承优秀传统文化、吸收人类文明成果、激发学生的积极性与创造力、推动教育改革深化等方面,具有不可替代的重要作用。

学校文化不仅为学生提供了一个拓展自身潜能的重要平台,同时也反映了其心理特征与行为模式。学校文化生活犹如一座精神文化的园圃,各类文化活动如同滋养心灵的雨露,为学生的成长提供持续滋润,激发其潜能得以绽放。学校文化的核心与灵魂在于学校精神,这一精神本质上是一种深层次的群体意识,既展现了集体的凝聚力与向心力,也体现出全体师生的共同价值观、心理特质以及行为模式,是学校文化认同的重要体现。学校文化是学校的灵魂所在,是师生精神家园的核心内容。建设学校文化的重要意义不仅在于促进学校的特色化发展,还在于凝聚全体师生的力量,为师生的发展提供坚实的文化支撑。

学校文化建设的推进,有助于塑造独特的校园文化环境,提升师生的认同感与归属感,从而推动学校整体教育质量的提升。这一文化建设不仅在促进学生综合素养发展的过程中发挥重要作用,同时也为学校的长期稳步发展提供了深厚的精神支撑与持续动力。因此,学校文化建设是学校发展过程中不可或缺的重要环节,其深远影响体现在学校管理的方方面面,对师生的成长与发展具有重要的推动作用。

二、学校文化的研究现状

已有研究对当前学校文化建设进行了丰富、细致的探索,在考察学校文化建设的基础上分析了存在的困境与问题,并对其进行了原因分析,为学校文化建设的未来改进指明了方向。现有学校文化建设存在着主观重视不足、主动意识不强的思维困境；概念模糊、理解片面的认识困境；功利驱动、注重形式的动力困境；缺少规划、不能持续的发展困境①。当主体与客体之间的互动关系不协调时，学校文化建设往往会面临诸多困难。这些困难主要体现在以下几个方面：首先，学校文化建设过程中，相关主体的参与度整体偏低，未能充分调动其主动性与积极性；其次，长期以来，学校文化的制度化建设未受到足够重视，导致整体规范性存在一定缺失；再者，文化建设的根基相对薄弱，对于传统文化、革命文化及社会主义先进文化的挖掘和传承力度尚显不足；最后，评价与监督体系仍不完善，缺少有效的反馈机制，难以实现持续改进。

从具体情况来看，部分学校在文化建设中存在突出问题，例如，过度关注校园物质环境的建设，忽视文化内涵的塑造，导致整体特色不够鲜明、缺乏生机；尽管校园文化活动形式多样，但由于缺乏深层次的内容支撑，往往难以取得预期的育人效果；制度建设不完善，人文关怀缺失，存在"重硬件、轻软件"的现象，即片面追求物质投入而忽视文化内涵的培育；对学校文化生活作为潜在课程的重要作用认识不足，未能充分发挥其在学生全面发展中的积极作用，反映了学校文化建设中的深层次矛盾。一方面，学校在物质环境建设上投入大量资源，但在文化内涵的挖掘与培育上却显得力不从心；另一方面，尽管校园文化活动频繁开展，但由于缺乏深度与系统性，难以形成持久的文化影响力。同时，制度建设的滞后与人文关怀的缺失，使得学校文化建设缺乏内在动力与可持续性。更为重要的是，学校文化作为潜在课程的重要作用尚未得到足够的重视，导致其在学生价值观塑造、行为习惯养成等方面的功能未能充分发挥。

面对小学教育之文化建设中现有的诸多问题，已有研究与国家政策同向而行，对学校文化建设提出了新的要求。这些建议涵盖了多个方面，首先强调塑造学校的共同价值观，以体现文化自觉；其次，应推动高水平的学校文化建设，以提升文化自信并增强校园文化的影响力；再次，需广泛动员全体成员深度参与，充分调动校长、教师及学生的主动性和创造力，使文化建设成为全员共建；最后，应聚焦文化建设的核心要素（如课程设计、制度构建等），确保各项举措能够真正落地并产生实质性成效。部分学者进一步指出，学校文化建设应加强顶层设计，并制定科学合理的实施方案，以社会主

---

① 亓殿强、周新奎《学校文化建设问题及对策》，《中国教育学刊》2009 年第 5 期，第 52—54 页。

义核心价值观为根本指导,鼓励各方主体积极投身文化建设。在准确把握文化内涵的基础上,应将过程性评价与终结性评价相结合,同时完善评估及反馈机制,以确保文化建设的高质量与可持续发展。同时,在教师师德建设、学生能力培养以及学校制度发展等方面,应不断创新学校文化的创建与发展模式,从而促进学校文化的建设与可持续发展。具体而言,塑造学校共同价值观是文化建设的核心任务,它能够增强学校成员的文化自觉,形成统一的价值认同。追求高品位的文化建设则要求学校在文化活动中注重品质与内涵,通过高水平的文化实践提升师生的文化自信。全员参与是学校文化建设的重要保障,校长、教师和学生作为文化建设的主体,其能动作用的发挥直接影响文化建设的成效。此外,抓住课程与制度等关键环节,能够为文化建设提供坚实的支撑,确保文化建设落到实处。在总体规划层面,学校应以社会主义核心价值观为根本指引,制定科学且切实可行的文化建设方案,明确具体的发展目标和实施路径,并通过多方协同推进,形成文化建设的强大合力。同时,应将过程性评价与终结性评价相结合,建立健全的评估及反馈机制,以便及时发现问题并优化改进措施。在教师师德建设方面,应强化师德师风的培育,提升教师的文化素养和教育能力,使其在文化建设中发挥示范作用;在学生能力培养方面,应依托丰富的文化活动促进学生综合素质的全面提升;在学校制度完善方面,应不断优化规章制度,为文化建设提供稳固的制度支持。总体而言,学校文化建设是一个系统性工程,需从价值观塑造、文化内涵提升、全员深度参与及关键环节优化等多维度入手,并确保顶层设计与具体实施方案的科学性。在社会主义核心价值观的引领下,持续探索创新文化建设模式,推动学校文化实现高质量、可持续发展。

第三节　承文化之根：小学文化建设的责任担当

一、优秀文化建设的政策背景

学校应将中华优秀传统文化的传承与发展纳入文化建设的重要内容，深入探究其思想体系与精神内涵，使其在学校文化中发挥积极作用。中华优秀传统文化蕴含深厚的民族精神与道德价值，通过系统开展传统文化教育，学校不仅能有效推动文化建设的深化，还能促进学生品德修养的提升，塑造健全人格，并增强其政治素养。学校需以社会主义核心价值观为指导，构建富有传统文化特色的学校文化体系，助力全方位育人目标的实现。

经过严格的遴选与评审，教育部于2011年正式公布了首批全国中小学中华优秀文化艺术传承学校名单，并在2018年进一步公布了第二批入选学校，旨在充分发挥这些学校的示范作用，推动中华优秀传统文化的广泛传播与深入实践，使其在全国范围内得到更大程度的发展。2021年，教育部印发了《中华优秀传统文化进中小学课程教材指南》，明确指出，在基础教育阶段加强中华优秀传统文化教育具有重要意义。该指南强调，这一教育实践不仅有助于延续中华民族的精神命脉和文化核心，巩固全民族的理想信念，夯实文化认同与价值自信的根基，同时还能维护国家文化安全，增强国家文化软实力。

二、小学文化建设的实践经验

无论是国家政策还是现有研究都表明，中华传统文化是学校文化建设的重要资源、关键环节与有力支撑，从实践现状来看，较多学校围绕中华传统文化在课程设置、活动开展等方面展开了丰富的、有特色的学校文化建设工作。

从宏观实践方面来看，各地已展开了丰富充实的将中华传统文化融入小学教育的实践。上海各级教育行政和业务部门始终围绕立德树人根本任务，以培育和践行社会主义核心价值观为主线,以弘扬爱国主义为核心的民族精神为立足点,系统推进各学段的纵向衔接,课堂内外的横向贯通,推动课程设计、教师培养、资源利用和政策支撑的有机协调。

从微观实践方面来看,许多小学就本地优秀传统文化进行了资源开发,在学校文化建设实践中生成了具有校本特色、多元丰富的学校文化建设实践。较早的研究曾以某小学为例,分析其学校文化建设的实践状况及其背后逻辑,总结了其文化建设的思路,包括具体感官事物文化与遐想空间的抽象文化相结合、人文精神与科技理念相结合等,强调以文化理念系统为核心,以制度、物质、行为三类文化系统为保障开展学校文化建设。一项以某小学为个案的研究指出,校长是引领学校文化建设的重要角色,在学校文化引领方向的把控中发挥着极为重要的作用,在营造校风、发挥文化育人功能,建立良好学校人际关系,营造校园氛围,以及引领开展校园文化活动中起着积极作用。较新的研究主要从特定小学实践出发梳理建设经验,如某小学以"若水"为核心进行学校文化建设,树立了若水文化理念,在环境建设、管理模式、课堂教学、教师培育等方面形成了独特的育人体系。

三、小学文化建设的综述整合

学校文化建设是学校发展蓝图中不可或缺的一环,它不仅是教育质量提升的催化剂,更是塑造学校办学特色和教育品牌的关键所在。深入探讨学校文化建设的理论基础、当前建设现状、面临的重点难点、存在的困境以及应对策略,对于推动学校文化的繁荣发展具有重要意义。从更为理论的视角进行研究综述,可以从理论基础、建设现状、重点难点、困境问题、对策建议几个维度了解当前学校文化建设的基本状况。

(一)理论基础:多维视角下的学校文化解析

学校文化建设的理论基础,根植于教育学、生态学、文化哲学等多个学科领域,这些理论共同构建了学校文化的内涵、特点、功能、分类及其与学校教育的紧密联系。

内涵与特点:学校文化是在长期的办学过程中逐步积淀并形成的,是全体师生共同创造、遵循并共享的价值体系、行为准则、道德规范、思维方式、生活习惯及校园物质环境的综合体现。其核心特征包括以下几个方面:首先,它具有显著的教育功能,通过文化熏陶,促进学生的全面成长与综合素养提升;其次,学校文化具备高度的凝聚力,能够增强师生之间的归属感和集体荣誉感,促使校园内部形成紧密的文化认同;此外,其规范作用同样突出,依托制度建设与文化习俗,约束并引导师生的行为,使学校文化在实践层面展现稳定性与导向性。学校文化具有培育性,为师生提供精神滋养,促进其精神成长。

功能与作用:学校文化不仅为学生提供了一个良好的学习和成长环境,还通过其教育性、凝聚性、规范性和培育性功能,有助于形成积极向上的校园氛围。

分类与多样性:学校文化可分为四个主要类别——物质文化、精神文化、行为文化及制度文化。物质文化主要体现在校园建筑、环境布置及教学设施等方面;精神文化作为学校文化的核心,涵盖办学理念、校训校风及人际交往氛围等要素;行为文化则反映在师生的日常互动、课堂教学以及各类校园活动之中;制度文化则由学校的规章制度、组织管理体系等构成。

作为学校教育的重要组成部分,学校文化建设贯穿于教育实践的各个环节,并在潜移默化中影响师生发展,是提升教育质量、优化育人环境的重要保障。良好的学校文化能够激发师生的学习热情,提升教育质量,同时,学校教育也为学校文化的传承和创新提供了土壤和平台。

(二)建设现状:挑战与机遇并存

当前,随着教育改革的深入,学校文化建设日益受到重视,但在实践中也面临着诸多挑战和问题。主要包括以下方面——

物质文化建设不足:一些学校在物质文化建设上投入不足,导致校园环境缺乏特色和活力。这不仅影响了学生的学习体验,也限制了学校文化的传播和影响力。

制度文化存在缺陷:部分学校在制度文化建设上缺乏系统性和连贯性,导致制度执行不力,甚至与学校文化相悖。这不仅削弱了制度的权威性,也影响了学校文化的建设和发展。

行为文化创新不足:一些学校在行为文化建设上缺乏创新,未能形成具有吸引力和感染力的文化氛围。这导致师生在行为上缺乏积极性和创造性,难以形成积极向上的校园氛围。

精神文化停留表面:部分学校在精神文化建设方面的理念未能深入师生心中,缺乏长期的精神文明建设规划。精神文化建设停留在表面，有些内容只是形式上的存在，没有真正渗透到学校办学中。

（三）重点难点：深入剖析与应对

在物质文化、精神文化、行为文化和制度文化等方面，学校文化建设的重点和难点在于以下几点——

物质文化建设：物质文化建设是学校文化建设的基础。要提升学校物质文化的品质和特色，需要加大投入，注重校园环境的规划和设计，营造具有教育性和审美性的校园环境。同时，还要注重物质文化的建设和创新，使校园成为传承学校文化的重要载体。

精神文化建设：精神文化建设是学校文化建设的核心。明确学校的社会主义核心价值观，并通过多种形式进行广泛传播，引导师生在日常学习和生活中深刻领悟并实践这些价值观。通过挖掘学校的历史文化内涵，结合时代发展要求，确立具有本校特色的办学理念和校风校训。

行为文化建设：行为文化建设是学校文化建设的重点。要创新行为文化，需注重学校课程教学的规范、评价体系的完善，在师生日常行为习惯的培养上形成积极向上的校园氛围。同时，还要通过开展丰富多彩的校园文化活动，激发师生的积极性和创造性，提升行为文化的吸引力和感染力。

制度文化建设：制度文化建设是学校文化建设的保障。要完善学校的组织架构、规章制度和管理模式，使其既符合教育规律，又体现学校文化的特色。同时，还要加强制度的执行和监督，确保制度的有效实施，形成良好的制度文化氛围。

（四）困境与挑战：理念与实践的脱节与外部环境的挑战

学校文化建设在实践中面临着理念和实践的脱节，以及外部环境的挑战。

一些学校在文化建设中，理念与实践存在脱节现象。这可能是由于对文化建设的理解不够深入，或者缺乏具体的实施策略。要解决这一问题，需要更新观念，明确目标，加强领导，确保学校文化建设的方向和实践的一致性。

同时，随着社会的快速发展和文化的多元化，学校文化建设面临着外部环境的挑战。这包括社会文化的快速变化、网络文化的冲击等。要应对这些挑战，需要学校保持开放的心态，积极吸收和借鉴外部文化的有益元素，同时，还要加强学校文化的建设和传播，提升学校文化的竞争力和影响力。

(五) 对策与建议：推动学校文化建设的繁荣发展

针对学校文化建设中面临的问题和挑战，提出以下对策和建议——

更新观念：要推动学校文化建设的繁荣发展，首先需要更新观念，树立文化育人的理念。这要求学校管理者和教师充分认识到文化建设的重要性，将文化建设纳入学校发展的战略规划，形成全员参与、共同推动的学校文化建设格局。

明确目标：要明确学校文化建设的目标，以提升教育质量、形成办学特色和促进学生发展为目标。这要求学校根据自身的发展实际和办学特色，制定具体的文化建设方案和实施计划，确保文化建设的针对性和实效性。

加强领导：要加强学校文化建设的领导，确保文化建设的方向和实践的一致性。这要求学校建立由校领导牵头的文化建设领导小组，负责文化建设的规划、组织和实施，同时，还要加强与文化专家的合作与交流，提升文化建设的专业性和科学性。

全员参与：要调动学校所有成员的积极性，共同推动学校文化的内涵和外延的发展。这要求学校通过组织各种形式的文化活动和文化交流，增强师生的文化认同感和归属感，形成共同的文化价值观和行为准则。

文化创新：要注重文化创新，通过创新活动和项目，形成具有吸引力和感染力的文化氛围。这要求学校积极探索新的文化建设模式和途径，如开展特色文化课程、举办文化节庆活动等，提升文化建设的吸引力和影响力。

加强外部合作：要加强与外部文化的交流与合作，借鉴外部文化的有益元素，丰富学校文化的内涵和形式。这要求学校积极与社区、企业、高校等建立合作关系，共同开展文化交流和文化创新活动，提升学校文化的竞争力和影响力。

注重文化传承：要注重学校文化的传承和发展，通过传承学校的历史和传统，形成独特的学校文化品牌。这要求学校加强对学校历史的研究和挖掘，提炼学校文化的精髓和特色，同时，还要通过校史馆、校庆活动等途径，加强对学校文化的宣传和传播。

在学校文化建设日渐重要、传承中华优秀传统文化愈发成为学校文化建设的重要组成部分的背景下,各所学校正在积极探索立足学生成长、结合校本特色、根植优良传统的学校文化建设,将优秀传统文化与学校精神文明建设、制度建设、物质建设相结合,是未来学校文化建设发展的重要方向。国家政策、研究成果、校园实践共同指向了中华优秀传统文化与学校文化建设的融合路径,本研究正是基于时代发展要求、立足已有研究与实践,结合方泰小学源远流长的金石文化实践展开,在全面总结梳理已有经验风的基础上,对学校的文化建设的价值追寻、实践模式、行动逻辑等进行提炼归纳,为学校金石文化进一步建设提供有力支撑的同时,也为我国学校文化建设、融合传统文化发展作出了一份贡献。

第二章

同向而行："金石文化"建设发展脉络

第一节　薪火相传：一脉相承的教育核心价值体系
第二节　以石为鉴：由篆刻到金石文化的创生发展
第三节　一路同行：以金石为特色的学校文化生成

第一节　薪火相传：一脉相承的教育核心价值体系

方泰小学，这座承载着悠悠百年历史的老校，宛如一位历经沧桑的老者，静静地伫立在那里，亲眼见证了中国从半殖民地半封建社会一步步走向现代社会的伟大变迁。这一百多年的发展历程，不仅是方泰小学自身的悠久历史与深厚文化积淀，更映射出中国社会的巨大变革与进步。在这漫长的岁月里，方泰小学的办学文化、校园文化以及育人文化犹如一股不竭的源泉，在时间的洗礼中得以创生并蓬勃发展。爱国救亡的壮志豪情、深耕育人的坚定信念、文化先行的前瞻视野，这些独特的品质与精神，早已深深镌刻在学校的基因之中，成为传承至今的学校品格，激励着一代又一代的学子们勇往直前。

从历史的脉络来看，方泰小学的发展历程可以清晰地划分为三个阶段。第一阶段是创立探索期（1901—1945），在这一时期，方泰小学犹如一颗刚刚萌芽的种子，在风雨飘摇中艰难探索，逐步奠定了学校的办学基础与初步规模。第二阶段是调整建设期（1950—1980），在这一阶段，方泰小学在国家的政策引导与社会变迁中不断调整自身，加强建设，逐渐形成了较为完善的办学体系与教育环境。第三阶段则是改革发展期（1980年至今），在这一时期，方泰小学紧跟时代步伐，积极投身于我国基础教育改革的浪潮之中，不断创新办学理念与教育模式，为培养更多优秀的人才不懈努力。这一百余年的发展历程中，方泰小学不仅是时代变迁的忠实见证者，更是我国基础教育建设的重要参与者、积极行动者与勇敢实践者。从过去到现在，每一个时期的历史风貌都深深地烙印着时代的印记，更承载着一代又一代"方小"人投身教育、扎根教育的坚定初心与崇高使命。他们用自己的青春与汗水，为学校的繁荣发展贡献了自己的力量，也为我国的教育事业书写了浓墨重彩的一笔。

一、创立探索期（1901—1945）

第一个历史阶段为1901年至1945年的创立探索时期。方泰小学初生于国家骤变之中，历变革与战火，经四十余年筚路蓝缕，始终秉持金石一般的坚韧品格，逐渐成长为一所为国育人、为民育才的优秀小学。1901年，陈乃钧先生在私宅设立了私立渫溇小学，即方泰小学的前身。陈乃钧先生是一位具有远见卓识的教育家，他深知教育对于国家和民族的重要性，毅然投身于教育事业。在那个年代私立学校的设立极为困难、挑战重重，陈乃钧先生以极大的勇气和决心投身于初等教育，为我国教育事业发展贡献力量。1905年，私立渫溇小学改名为公立渫溇小学，得到了官方授权与社会关注，办学水平有所提升，前来求学的学生增加到了26人。1913年，受到时局变化影响，学校迁至关帝庙文昌阁，并更名为方泰乡第一国民学校。此时学校的发展受到社会环境变动的影响，但在教师和社会各方的努力下，学校得以在艰难中稳步前行。1925年，学校更名为第五乡第一小学校，成为地方教育体系中重要的一环，承担起了补充地方初等教育的职责。1928年，学校进一步发展，更名为方泰中心小学校，此时学校拥有6个班级，成为一所完全小学。这一时期的方泰小学已经成为当地教育的中心，为更多学生提供了接受教育的机会。

1937年全面抗日战争爆发，学校的建设受到了一定挑战。在抗日战争全面爆发的背景下，学校不得不在1937年停课，但在1938年，学校克服困难重新开课，在危机时局下坚持开办小学教育，展现了一辈方小人对教育事业的坚韧和不屈。在接下来的几年里，抗战形势逐渐明朗，方泰中心小学校的教学事业也愈发好转。1945年，随着抗日战争的胜利，学校再次更名为方泰乡中心国民学校，在新的历史时期承担起了新的角色和使命。

二、调整建设期（1950—1980）

第二个阶段为1950年至1980年的调整建设期。这个阶段方泰小学几经更名，注重人才培养，服务国家建设，一路风雨兼程，逐步成长为一所有一定规模、有较高水平的小学。新中国成立以后，方泰小学纳入我国初等教育体系，学校于1950年更名为方泰中心小学校，并由各界人士和校友募捐，集资建造校舍。这一时期的方泰小学，得到了社会各界的大力支持，成为嘉定地区办学的重要组成部分。随着学校软硬件设施的显著改善，学校于1951年进一步扩展范围，为更多学生提供接受初等教育的机会，在方泰镇北街盐铁塘西畔建造了教室3间,办公室2间,礼堂1间,对应的师资引进、管理改进为学校进一步繁荣发展奠定了坚实基础。

在新中国成立后二十余年的时间里,方泰小学几经更名,从方泰小学到方泰小学校,始终不变的是对教育质量的坚定追求,学校规模、招生数量、服务区域稳步扩大,成为嘉定地区一所积淀深厚、历史悠久的小学,在当地获得了极高的声誉。一批又一批方小教师坚持教育的初心使命,培养造就了一代又一代出身方小的优秀学生。1980年,在方泰镇南嘉黄公路东侧建造的新校舍投入使用,这一举措标志着学校硬件设施的又一次升级,学生学习环境的进一步改善。这一时期的方泰小学,在扩大教育规模、提升教育质量的过程中稳步前行。

三、改革发展期(1980年至今)

第三个阶段为1980年至今的改革发展期。方泰小学在已有建设上进一步发展,紧跟时代发展大趋势把握建设方向,不忘初心、牢记使命,成为嘉定地区一所标志性小学。1978年后,随着我国改革开放的深入推进,方泰小学立于潮头把握发展机遇,学校在教育改革的大潮中,不断探索和实践,努力提高教育质量,培养了更多的优秀人才。新世纪初,方泰小学迎来新一波发展机遇。2003年,随着农村"撤点并校"政策的不断推进,方泰周边所属的讴思、黄墙、先锋、漳浦、陆巷、星光、朝阳七所村校完成撤并,方泰小学在吸纳优质师资、扩大招生规模方面有所进展。教育资源的进一步整合集聚,使得方泰小学办学效率与质量有所提升。2006年,学校更名为上海市嘉定区方泰小学,这一命名意味着方泰小学在基础教育制度化改革的进程中进一步得到认可。

2014年,学校易地搬迁至方中路312号新校舍,学校占地23 357平方米,建筑面积17 661平方米,绿化面积8 242平方米。学校的进一步发展有了更大的空间和更好的条件,新校舍的启用,为师生提供了更好的教学环境、办公环境与学习环境,为学生提升学习质量、开展多样化学习提供了重要支撑。2023年,位丁泰富路275号的东校区正式启用,方泰小学呈一校两部格局。学校规模进一步扩大使得学校办学条件进一步改善,越来越多学生家长坚定地选择方泰小学,不仅因为学校较高的教育质量,同时也被学校发展中深厚的文化积淀所深深吸引。历经百年风雨,目前方泰小学已经成为一所具有现代化设施和先进教育理念的学校,为社会培养了大量的优秀人才。

方泰小学的百年历史,是一部不断适应社会变迁、坚持教育使命的历史。从私立小学到公立学校,再到现代化的公办小学,方泰小学的发展见证了中国教育的演变和进步。方泰小学的学校文化得以在百年历史中深耕,深厚的学校文化正是方泰小学得以创生发展的基础,贯融其中的教育育人传统得以延续。

方泰小学的文化传承主要体现在六个方面——

(一)坚韧不拔的办学意志:从私立溇溇小学到公立溇溇小学,再到方泰乡第一小学,直到现在的方泰小学,学校在不同历史时期均展现出了坚韧不拔的办学意志。尤其是在抗日战争期间,学校一度停课,但很快便复课,这种在逆境中坚持教育的精神,体现了学校对教育事业的执着追求。

(二)与时俱进的教育适应性:方泰小学在各个历史阶段均能适应社会变迁,不断调整和优化教育模式。从最初的私宅办学到后来的公立学校,再到现代化的公办小学,方泰小学的教育模式始终与时代发展同步,体现了学校对教育适应性的高度重视。

(三)社会参与的教育共同体:方泰小学的发展过程中,社会各界人士和校友的积极参与起到了关键作用。从当年的募捐建校到后来的校舍扩建,社会力量的介入不仅为学校提供了物质支持,也为学校的发展注入了活力,体现了教育共同体的合作精神。

(四)内涵发展的教育追求:方泰小学始终坚持办一所形质兼美、和谐发展的特色小学,不断深化教育内涵,提升教育质量。无论是书法篆刻艺术教育的推广,还是体育、科技特色的打造,都体现了学校对教育内涵的不懈追求。

(五)创新进取的教育探索:在教育改革的大潮中,方泰小学不断探索和实践,努力提高教育质量,培养更多的优秀人才。学校的教育创新不仅体现在教学方法上,也体现在教育理念上,这种创新进取的精神是学校持续发展的动力源泉。

(六)服务社会的教育责任:方泰小学在发展过程中,始终坚持服务社会的责任。无论是在战争时期的坚持办学,还是在和平时期的教育创新,学校都以培养对社会有用的人才为己任,体现了教育的社会责任。

一个世纪的岁月轮回,一百多年的历史风雨。方泰小学伴随着新中国诞生的脚步,沐浴着时代变革的春风,从一所小规模的私立小学,经过一代代方小人的努力,如今发展成了一所现代化公办小学。方泰小学厚积的底蕴、芬芳的桃李,无不凝聚着广大师生的智慧与奋进的汗水。方泰小学的百年历史,是一部教育精神的传承史。这些教育精神不仅为学校的持续发展提供了动力,也为社会培养了大量的优秀人才。在未来的发展中,方泰小学将继续秉承这些教育精神,为培养更多的优秀人才不懈努力。

作为一所历史悠久、传承深厚的优秀小学,方泰小学的文化建设在学校发展中的重要地位不断凸显。目前,方泰小学已初步形成了以文化建设促进学校可持续发展的重要模式,形成了以文化传承、文化育人、文化强校的学校文化建设功能的发挥与实现。在育人核心价值体系引领之下,历经百年的方泰小学坚守办学目标、育人理念,以学校文化建设为抓手走过风风雨雨,在以金石文化为核心的学校文化建设与学校持续发展中,有信心,有定力地行稳致远。

附:学校办学史案例一

难忘旧时素颜

1978年前的方泰小学位于方泰北街,安亭镇嘉松北路4025号,设施简陋,原本只有一排平房,后来翻建成两层楼房,操场也是泥地的,方小教师们在艰苦的环境中依旧保持着阳光积极的状态。

位于安亭镇泰富路275号的方泰小学主要教学楼建造于1978年,1991年时,学校占地面积10 000多平方米,之后陆续改、扩建;2003年,学校占地面积为14 384平方米,房屋占地面积1 957平方米;房屋建筑面积5 630平方米,其中教

图2-1 教职工修整操场

学楼建筑面积为2 997平方米,绿化面积5 256平方米,有草坪足球场、200米跑道、计算机房、图书室、室内体育活动室、多功能教室等主要教学设施。

新校园续写新篇

2014年9月,方泰小学易地搬迁至方中路312号。新校舍用地面积23 357平方

米,总建筑面积17 661平方米,建筑占地面积5 951平方米,绿地面积8 242平方米。学校规模进一步扩大,校舍现代化,设施全面完善,环境优美雅致。

新校园传承方泰地域文化中的"简洁、质朴",营造出亲切宜人的现代校园环境氛围。学校总体建筑群体布局分为行政图书楼、教学实验楼以及生活体育楼三个部分。全校师生满怀激动之情续写了方泰小学教育教学新篇章。

图 2-2 新校舍校门

图 2-3 新校舍主体建筑

附:学校办学史案例二

一封海外来信

关于学校校史的故事很多,这次要讲的是一封特别的海外来信。

刚收到这封信的时候,就为它的特别之处所吸引:看邮戳,这封信是从大洋彼岸的加拿大寄过来的;信纸用的是宣纸,信上的文字,是用毛笔书写的繁体字,并按从右至左的顺序排列。墨痕浸透纸背,拿着这封信,感受到一种厚重的历史沉淀。

写信之人名叫熊运高,信的一开始就表明了自己的身份:"我是陈其华的女儿,陈其华是陈乃钧的孙女……"当我们看到这段话的时候,内心是多么的激动。对于每一位方小人来说,陈乃钧先生的名字,那就是方泰小学的象征和骄傲!作为学校的创始人,早在1901年的时候,他抱着教育兴国的思想,毅然创办了方泰小学的前身——私立渫娄小学(取名"渫娄"是因为方泰有一条河叫渫娄河)。在当时动荡的岁月里,他克服了种种困难,凭着自己的一腔热忱和百折不挠的精神。学习他的办学事迹,是方小每一位师生的必修课。因此,一百多年以后,我们居然收到了陈乃钧先生后人的来信,怎能不叫人惊喜交加!

熊云高女士从小就热爱学习,尤其是在方泰小学读书的情景,一直深深印刻在她的脑海中。在后来与她的视频、电话连线中,她也始终强调,祖辈严谨的治学精神和教化嘉定的人文熏陶,以及方泰地区尊师重教的良好氛围,是她日后不断攀登学业和事业高峰的动力源泉。在自身的努力下,她考取了上海交通大学,并在1956年,也就是她读大二的时候,由教育部直接抽调至清华大学攻读电子计算机专业,成为清华大学电子计算机专业的第一届学生,毕业后又继续留在清华大学任教,为成立不久的新中国摆脱计算机领域一穷二白的局面,贡献了自己一生的力量。七十多年后她在网上再次看到母校,家乡翻天覆地的变化令她欣喜,于是她郑重提笔写下了自己心中一直蕴藏的情感。

熊云高女士虽然身在海外,心中始终放不下的,还是家乡的人和事。她在信中郑重提出了几点希望:希望方泰小学能继承发扬中国优秀传统遗产,如书法、国画等;希望方泰地区的河水更加清澈,环境更加优美。

看到她提出的希望,再想到学校近二十年来一直坚持开展书法、篆刻等项目的普及,作为一所全国优秀传统文化传承学校,"人人会拿篆刻刀,个个金石显创意"早已成为学校的一大特色。我们为能和前辈在教诲上的不谋而合而自豪,更坚定了我们去传承发展中华优秀传统文化、树立师生文化自信的决心。我们还把现在变得清澈的渫娄河照片发给她看,她感到欣慰,我们也由衷感到高兴。

根据信里的指示,我们拜访了熊云高女士的弟弟熊云旦先生。熊云旦老先生退休前长期从事环保工作,在环保领域颇有建树。他非常关心家乡的环保和生态情况,提出了很多合理化的建议,并把自己撰写出版的书籍、在方泰小学读书时的珍贵资料,都赠予了学校,进一步丰富了学校校史资料的收藏。

就这样,看似简单的一封信,却串联起不同的时空,让更多的人和事鲜活生动地呈现在我们眼前,彼此之间有了交集,更有了一种情感上的牵挂。这封信篇幅不长,但是字里行间蕴含着浓浓深情和深深眷念,让人心潮澎湃、感动不已。从陈乃钧先生的办学历程和他后人的成长经历中,我们能够感受到很多高尚的品质和可贵的精神,比如对困难的不屈不挠,对理想的坚持不懈,以及深深的爱国情感和浓浓的教育情怀,这些都是值得我们学习的地方,是一种质朴的精神继承和文化传承。

作为一所百年老校,我们一直希望能以学校深厚的校史文化,成为教育的重要载体,激励着每位方小人成长,成为学校最宝贵的精神财富。如今,这封信的到来,这封信背后的故事,可以说是恰逢其时,恰到好处。寻找百年校史确实是件困难的事,但是这封信给了我们信心,随着这封信的出现,一定会有更多有意义、有情怀的人和事展现在我们眼前,让学校的办学历史、办学底蕴更加深厚。

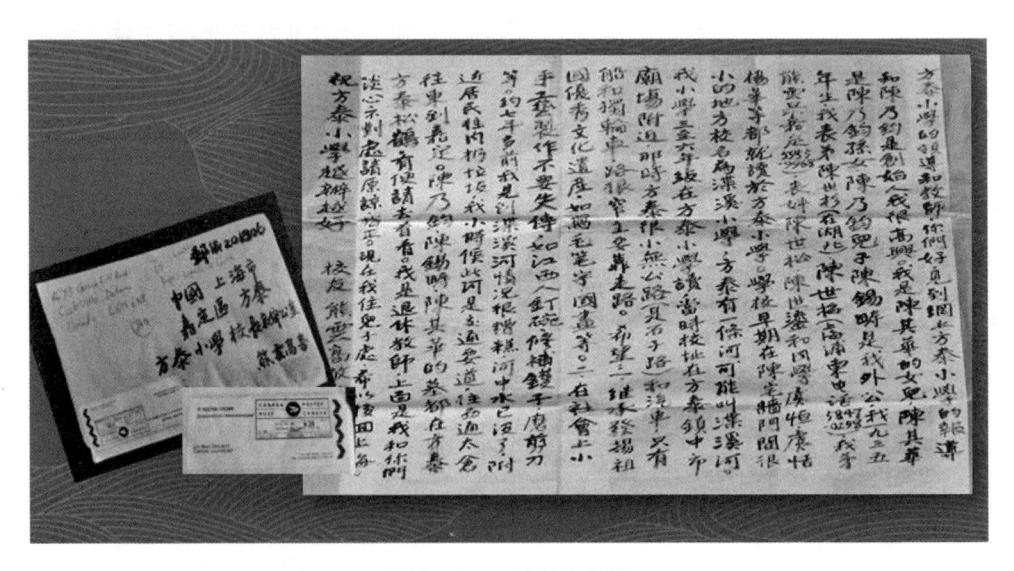

图2-4 一封海外来信

第二节　以石为鉴：由篆刻到金石文化的创生发展

金石，是中华传统文化中极具历史意蕴的一个词语，字面意思是金属和石头，二者皆为坚硬、不易变形的物质，由此延伸的金石，被用于比喻事物的坚固、刚强特性，或者人、心志的忠贞、坚定。从文化形态来看，自古以来，金石是古代镌刻文字、颂功纪事的钟鼎碑碣之属，既包括器物本身也涵盖其上的文字，以铭刻在金属和石头上的文字和图案为主，记录了我国古代的历史、政治、文化和社会生活等方方面面，因其独特的质感和美感而深受重视。金石在中国文化中有着特殊的地位，古代的文人墨客常常通过欣赏和研究金石器物来追寻历史的足迹，探索文化的精髓。同时作为一种传承历史和文化的媒介，通过对其研究，可以深入了解古代社会、政治、文化等方面的信息。

一、金石与篆刻的发展历程

金石学作为中国古代传统文化的重要组成部分，属于考古学的一个分支，其核心研究对象集中于古代铜器与碑石，尤其是这些器物上所镌刻的铭文及其拓片。从广义范畴来看，金石学的研究范围不仅限于铜器与碑石，还涵盖了竹简、甲骨、玉器、砖瓦、封泥、兵符等多种类型的文物。作为一门学问，金石学具有"历史"的重要面向，在学问探究上偏重于著录和考证文字资料，通过分析字符、图案、纹样等具体的形态以深入历史中的经济发展、政治文化、社会生活等方面的状况，以达到证经补史的目的[①]。

金石学作为考古学的前身，其发展历程主要可以分为以下两个阶段，诞生萌芽期与肇创演进期。诞生萌芽期大约可以上溯到东周时代，此时的金石主要以文字、雕塑、篆刻等方式作为文化形态出现，但此时有关金石的研究、研究者均较少，金石主要以实用实践的面貌存在，没有专门的著作问世，也尚未形成一门学科。到了北宋时期，金石学初步建立、逐步发展，因此这一时期又可被视为金石学的肇创与演进阶段。当时的

---

① 闫志《金石学在现代中国考古学中的表达》，《华夏考古》2005年第4期，第98—106页，第110页。

统治者高度重视经学，积极倡导礼制的恢复与复兴，从而在社会上掀起了一股对古代器物的收集、整理与研究的学术热潮。这一热潮不仅推动了金石学的兴起，也为后世的金石学研究奠定了重要基础。在这一时期，墨拓技术与印刷术的显著进步为金石文字的传播与研究提供了重要的技术支持。墨拓术的成熟使得古代铜器、碑石等器物上的文字得以清晰地复制与保存，而印刷术的发展则进一步促进了这些文字资料的广泛传播。这两种技术的结合，不仅扩大了金石学研究的资料范围，还加速了学术成果的交流与共享，为金石学的进一步发展创造了有利条件。宋代金石名家辈出，这些文学家、思想家们极大程度地促进了金石文化的诞生发展。金石学著作如《西清古鉴》等推动了古器物研究，鉴别及考释水平大为提高，研究范围扩大至镜鉴、兵符、砖瓦、封泥等专门领域[1]，及至晚清，甲骨、简牍的大量出土，进一步丰富了金石学的研究内容。转型变革期：随着中国步入近代化，金石学作为独立的学问已逐渐衰落，一方面由于金石材料的发掘、整理较为困难，金石研究在变动的时代中较难成体系化地作为一门学问维系，另一方面则是受到考古学科的冲击[2]。

从金石学更具体的发展脉络来看，金石学从宋代兴起，在清代达到巅峰。宋代是中国金石学的起源时期。欧阳修的《集古录》被视为金石学专书的开端，标志着金石学作为一门学科的正式成立。此后，吕大临、薛尚功、黄伯思、赵明诚等人先后贡献了大量著作，使金石学在宋代得到了广泛发展与繁荣[3]。在元明两代，金石学进入了一个相对低迷的时期。这一时期，风尚不重实学，金石器物的发现和研究明显减少。学者的研究态度较为消极，对金石器物的记录常常失实，难以辨别真伪。清代金石学进入复兴与鼎盛，主要包括三个阶段，在清初早期，随着学术思潮的变化，金石学从元明时期的低迷中复兴起来。顾炎武和黄宗羲是这一时期的重要代表，他们将金石研究与经学、史学相结合，使金石学重新焕发活力。乾嘉时期，金石学进入了一个更加系统化和科学化的发展阶段。这个时期的学者，如钱大昕、王昶、阮元等人，在金石研究上取得

---

[1] 刘心明《略论金石学兴起于宋代的原因》，《山东大学学报》（哲学社会科学版）2004年第2期，第76—81页。
[2] 刘毅《从金石学到考古学——清代学术管窥之一》，《华夏考古》1998年第4期，第87—96页。
[3] 李菁《宋代金石学的缘起与演进》，《中国典籍与文化》1998年第3期，第63—68页。

了显著成就,研究范围也从单一的钟鼎彝器扩展到钱币、镜铭、玺印等多个领域①。道光和咸丰年间,金石学的发展达到了顶峰。研究金石的学者数量激增,研究内容更加丰富和专门化,特别是在碑刻研究和金文研究方面,取得了显著的成果。这一时期的金石学不仅在考古和文物研究上有所建树,还对书法艺术产生了深远影响。清末,尽管清政府在晚清时期面临内忧外患,金石学研究仍然没有停止,反而在前人基础上进一步发展。这个时期,石刻研究逐渐进入总结阶段,叶昌炽的《语石》就是这一阶段的代表作,系统地总结了清代以来的石刻研究成果②。

总体来看,宋代的金石学主要以对古器物的兴趣和收藏为基础,逐步发展出一门系统的学科;清代则在此基础上进一步发展和完善,使金石学成为一门独立且具有广泛影响的学科,尤其在金石学的研究内容、方法和学术影响上达到了历史的巅峰,对后世产生了深远的影响。

篆刻,从字面意思理解是指用篆书刻成的印章,通常指的是古代的金属和石刻,广义上的篆刻指的是器物上刻有的文字图案,狭义上的篆刻指一门有关书法、镌刻、制作印章的技术。从金石与篆刻的关系来看,在金石器物上保留着篆刻留下的文字与图案,其包含的篆书文字形态、古代匠人处理文字与不同材质关系的方法和技巧,以及经过岁月与自然再创造的文字痕迹等,都是篆刻人学习和借鉴的重要素材。金石学中有关书法文字、篆刻技艺、印章等的研究,均对篆刻艺术有所裨益。然而金石学虽然研究古代文字的样式、形态、变迁等,其面向始终具有一定的学术性,与篆刻并不完全相同,而其丰富的学术性知识也是篆刻学习与实践的重要补充。篆刻与金石的关系在于,金石为篆刻提供了重要的学习和借鉴对象,而篆刻在借鉴金石的同时,也发展出了自己独特的艺术形式和特点,二者共同属于金石文化的重要构成。

时至今日,金石文化仍然受到广泛的关注和研究,成为我们了解古代历史和文化的重要途径。金石文化作为中华优秀传统文化的重要组成部分,其中富含丰富的教育意蕴,一方面金石文化中包含厚重的历史文化价值,学生能够通过对金石文化的了解

---

① 郭名询《清代金石学发展概况与特点》,《学术论坛》2005年第7期,第150—154页。
② 查晓英《"金石学"在现代学科体制下的重塑》,《中山大学学报》(社会科学版)2008年第3期,第83—96页,第206页。

学习回顾历史、触碰传统；另一方面，金石文化的传承发展依托于特定的物质形态、技艺技巧等，金石文化的教育离不开对物质文化遗产与非物质文化遗产的综合学习，而在学与做的过程中，学生能够进一步深入感悟到金石文化及其背后的精神。金石文化与教育关联的核心与关键在于，金石文化中所蕴含的精神内涵、价值追寻与立德树人、人的全面发展存在契合，至今各地蓬勃发展的篆刻艺术教育与金石文化传承，无不证明了金石文化的教育价值所在。

二、地区金石文化发展脉络

上海市嘉定区，这座历史悠久的江南名城，其崇文重教的传统犹如一股不竭的清泉，滋养着这片土地上的文化土壤，而金石文化则如同其中的一颗璀璨明珠，镶嵌在嘉定文化发展的辉煌篇章之中，成为当地文化发展的一座丰碑。嘉定素有"教化嘉定"之美誉，这一称号不仅彰显了其深厚的文化底蕴，也反映了其自古以来便是金石文化传承与发展的文化重镇。在这片人杰地灵的土地上，才华横溢的金石学者如同繁星点点，不断涌现，他们的智慧与热情共同推动了金石研究在这里的蓬勃兴盛，吸引着来自四面八方的文人墨客，到此探寻研究，交流心得。

提及嘉定金石文化的代表人物，清代学者王昶无疑是一位杰出的典范。作为土生土长的嘉定人，王昶不仅在仕途上有所建树，曾任云南布政使，更在金石研究领域留下了不可磨灭的印记。在任职期间，他广泛搜集金石碑版，以严谨的治学态度，对这些珍贵的历史遗迹进行了详尽的考证与注释，其著作《金石萃编》更是成为金石学界的重要参考文献。王昶还与同为嘉定金石学者的王涛交游研学，两人志同道合，共同致力于我国金石学的发扬光大，他们的努力极大地推动了金石学的深入研究与普及。另一位嘉定文化巨匠是钱大昕，作为乾嘉学派的代表人物之一，在金石研究方面，他尤为注重不同版本的考证对校，其治学之严谨，令人钦佩。钱大昕曾对《田义起石浮图颂》和《右武卫将军乙速孤行俨碑》进行深入考据，这些研究不仅丰富了金石学的内涵，也扩充了对《新唐书》中"兴国府"等相关历史记载的诠释与理解，为后人提供了宝贵的学术资源。王鸣盛也是清代嘉定金石文化的重要推动者，作为"吴中七子"之一的他，在史学、经学、考据学等领域均有深厚造诣。

嘉定金石文化的深厚历史，不仅为这片土地的文化教育事业提供了丰厚的营养，也成了当地学校特色建设的重要灵感来源。方泰小学，这所拥有百年历史的学府，在其发展历程中，始终与嘉定金石文化紧密相连，共同见证了教化育人的文化传统在新时代的传承与发扬。进入新世纪以来，方泰小学更是立足于地方特色，将独具魅力的金石文化作为学校特色建设的核心，主动承担起金石文化传承、建设与发展的重任。通过开设金石文化课程、举办金石文化展览、组织金石文化研学活动等多种形式，方泰小学不仅让金石文化在校园内生根发芽，更让这份宝贵的文化遗产在新一代青少年心中绽放光彩，为嘉定金石文化的持续繁荣注入了新的活力。方泰小学始终将金石文化融入学校文化建设之中，以传承发展传统文化、从传统文化中汲取营养以提升育人质量为己任，在近二十年的教育实践中不忘初心，成功打造了以金石文化为核心的学校文化。

方泰小学的金石文化发展脉络可以追溯到 2005 年，最初确立以"篆刻"为学校特色项目，是学校以传统文化中的金石文化为基础的一次创新尝试，金石文化得以以课程教学、艺术教育的面貌进入学校发展的方方面面。2006 年，学校进一步将"篆刻"项目打造为学校民族文化学习活动的品牌，并开发了特色校本课程。这些课程在丰富了学校教育资源的同时，为学生们提供了一个深入了解和学习篆刻艺术的平台，这些以篆刻基本技巧为核心的课程，进一步激发了学生对篆刻的兴趣，同时能够体会到篆刻艺术背后的文化意蕴。2007 年，学校被批准为"嘉定区第二批青少年民族文化培训基地学校"，这标志着方泰小学在民族文化教育方面已取得了显著的成就。同年，篆刻泰斗钱君匋的后人向学校捐赠了珍贵的印谱，这不仅为学校的篆刻艺术教育提供了宝贵的实物资料，更体现了社会力量对方泰小学篆刻艺术教育的认可和支持。2008 年，"篆刻"项目被命名为"'十一五'嘉定区学校教育艺术特色项目"，方泰小学的篆刻艺术教育成为地方艺术教育发展的重要一环，次年获评上海市艺术教育特色项目。2013 年，学校被选为"青少年篆刻考级布点单位"，承担起青少年篆刻艺术考核的重要责任。2018 年，学校被评为嘉定区第二批"非物质文化遗产进校园"试点学校，"金石文化"被评为嘉定区第二批"学校文化建设品牌项目"。2019 年，学校被评为上海市"篆刻进校园"试点学校，成为上海市校园文化建设"一校一品"特色学校，先后承办了 2019 年嘉定区"篆刻艺术进校园"成果汇报暨校园书法篆刻联盟成立仪式，以及 2019 年上海市

"篆刻进校园"活动启动仪式等。在课程建设与艺术特色方面,方泰小学创新地瞄准了书法教育与篆刻艺术、金石文化的亲近性,进一步拓展了学校建设的文化特色。2008年、2015年,学校两次被评为"上海市书法实验学校";2013年,被评为"全国书法实验学校";2018年,被评为"嘉定区书法篆刻联盟学校";2023年,被评为上海市"硬笔书法进校园"试点学校。书法艺术教育得以成为方泰小学金石文化发展的另一重要支撑,共同在育人方面发挥着重大作用。

2020年,学校成为第一批"上海市篆刻教材进校园试点校";2021年,又被评为"全国中小学中华优秀传统文化传承学校"。这标志着学校金石文化发展进入新的阶段。学校多次承办上海市"篆刻进校园"教学研讨活动,已然成为上海市篆刻艺术、金石文化传承发展的重要阵地。"金石篆刻"课程成为方泰小学一张亮丽的名片,2018年、2021年,两次参加上海市教育博览会展示;而基于课程改进的"大美金石"综合课程,则多次获评嘉定区优秀教育成果。

方泰小学的金石文化建设与嘉定区的悠久文教传统同向而行,在学校建设与文化传承中得以持续发展。新世纪以来的学校发展与学校文化建设密切关联,近二十年的努力坚持,使得学校文化与金石文化融通发展,在立德树人中不断深化、拓展、创新和飞跃。迄今为止,学校在金石文化建设方面已取得了显著的成就,为学生们提供了一个深入了解和学习金石文化的机会,同时以金石文化育人也取得了丰厚成果。方泰小学的金石文化发展,不仅体现在一系列的荣誉和奖项上,更体现在学校对传统文化的深刻理解和创新传承上。展望未来,方泰小学将继续深耕于金石文化的传承和发展,为学生们提供更加丰富和多元的教育资源,为传统文化的传承和发展做出更大贡献。

表 2-1 方泰小学"金石文化"发展脉络

2005 年	学校确立以"篆刻"为教育特色项目。
2006 年	学校将"篆刻"项目打造为学校民族文化学习活动的品牌,开发特色校本课程。
2007 年	1. 学校被批准为"嘉定区第二批青少年民族文化培训基地学校"; 2. 篆刻泰斗钱君匋后人向学校捐赠珍贵印谱。
2008 年	1. 学校被评为"上海市书法实验学校"; 2. "篆刻"项目被命名为"'十一五'嘉定区学校教育艺术特色项目"。

续 表

2009 年	"篆刻"项目被评为"全国第三届中小学生艺术展演上海市活动艺术教育特色项目"。
2013 年	1. 学校被评为"全国书法实验学校"; 2. 学校被选定为"青少年篆刻考级布点单位"。
2015 年	学校被评为"上海市书法实验校"。
2018 年	1. 学校被评为嘉定区第二批"非物质文化遗产进校园"试点学校、"嘉定区书法篆刻联盟学校"; 2. "金石文化"被评为嘉定区第二批"学校文化建设品牌项目"; 3. "金石篆刻"课程参加上海市教育博览会展示。
2019 年	1. 学校被评为上海市"篆刻进校园"试点学校、"上海普教系统校园文化建设'一校一品'特色学校"、嘉定区艺术教育特色学校; 2. 学校先后承办 2019 年嘉定区"篆刻艺术进校园"成果汇报暨校园书法篆刻联盟成立仪式、2019 年上海市"篆刻进校园"活动启动仪式; 3. 中共中央政治局原常委、国务院原副总理李岚清同志亲自为学校篆刻校训章——"点石成金 大美无言"赠予学校。
2020 年	1. 学校成为第一批"上海市篆刻教材进校园试点校"; 2. 学校参加中国国际教育装备(上海)博览会"赋能教育"专题云展; 3. 《传承金石文化 打造特色学校——以"金石文化"建设促学校可持续发展》案例获嘉定区教育领域综合改革典型案例征集评选一等奖。
2021 年	1. 学校被评为"全国中小学中华优秀传统文化传承学校"; 2. 学校承办上海市"篆刻进校园"教学研讨活动; 3. 学校获上海市大中小学师生篆刻优秀作品展优秀组织奖; 4. "金石篆刻"课程再次参加上海市教育博览会展示。
2022 年	1. "大美金石"综合课程方案获"嘉定区中小学学校综合课程方案评选一等奖"; 2. 学校承办嘉定区"基于区域特色的学校综合课程创造力研究和实践"项目推进会。
2023 年	1. 学校被评为上海市"硬笔书法进校园"试点学校、嘉定区艺术教育特色学校; 2. 基于"金石篆刻"特色的学校劳动课程实施方案荣获"上海市义务教育阶段学校劳动课程实施方案征集活动"优秀案例; 3. 《以"大美金石"综合课程为载体培养小学生审美素养的实践研究》被评为 2023 年嘉定区优秀教育成果孵化重点项目; 4. 学校承办上海市义务教育劳动课程设计与研究展示活动、上海市第二批"篆刻艺术进校园"颁牌仪式暨工作推进会、嘉定区校园书法篆刻联盟汇报展示活动; 5. 参加"长三角地区基础教育课程教学改革研讨会(艺术专场)"展示活动、"上海师生书法篆刻作品展"汇报展示活动。

续　表

2024 年	1. 学校承办上海市小学教育科研巡回鉴新活动（嘉定专场），做《"大美金石"综合课程：促进文化理解的艺文融通新探索》主题汇报； 2. 学校承办由上海市艺术教育委员会指导，上海市科技艺术教育中心、上海市艺术教育协会主办的"逐梦未来　梦想成真"上海师生书法（含硬笔）、篆刻作品展评选活动； 3. 学校金石篆刻项目参加"践行核心价值观　培根铸魂育新人"——嘉定区教育系统社会主义核心价值观落细落小落实主题展示； 4. "党建领航金石红"荣获嘉定区教育系统基层党建工作特色品牌。
2025 年	《小学美育课程的连续性设计与境脉化实施 20 年探索》荣获嘉定区第二届教学成果奖评选二等奖。

第三节　一路同行：以金石为特色的学校文化生成

学校文化作为学校发展的核心精神支柱，是凝聚师生共识、提升整体办学水平与形象的重要动力。它并非一蹴而就，而是在长期的教育实践中，由全体师生共同参与、积累、创新并持续发展的结果。这一文化体系不仅涵盖广大师生共同认同并践行的价值观、精神追求与行为规范，同时还涉及学校运行机制、制度体系、日常行为模式，以及校园物质环境等多个层面，是学校文化综合发展的深层体现。作为一种高度融合的整体性建构，学校文化不仅影响着师生的思想观念和实践行为，也对学校治理、课程实施及育人方式等方面产生深远的影响，是推动学校高质量可持续发展的关键动力。每一所学校都具有特定的学校文化，这种文化往往伴随学校发展、历史变迁而诞生、发展。作为一种文化形态，学校文化既不是一成不变、墨守成规，也不是游移变异、流变不断，学校文化是继承传统、创新发展的具体的、历史的统一。学校文化具有导向功能、凝聚功能、规范功能，学校必须充分利用各种因素，形成具有自身特色的文化特质。

一、金石文化的内涵特征

方泰小学的学校文化积淀深厚，作为百年老校，学校在历史变迁、学校发展的历程中不断积累经验，在寻觅发扬传统文化的道路上奋发前行，将地方特色与校本特色相结合，生成了积淀悠久、内涵深厚的"金石文化"，形成了以文化建设促学校可持续发展的工作思路。"金石文化"是方泰小学学校文化建设的主打品牌，通过对金石篆刻知识技能的系统学习，以及对金石篆刻所蕴含的深厚的文化意蕴和人文情怀的深度挖掘，形成从特色项目到特色课程，再到特色文化的学校文化打造路径，旨在通过对优秀传统文化资源的开发和利用，深入持久地开展优秀传统文化与民族精神教育，弘扬中华民族优秀传统美德，陶冶师生的情操。这一文化精神的深度挖掘和延展，为学校的生存与发展注入富有时代气息和独特个性的生命底蕴，成为广大师生宝贵的精神财富。

在实践发展中，方泰小学围绕金石文化生成的学校文化独具特色，从学校特色项目的建设走向学校文化品牌的创建，积淀形成"人人会拿篆刻刀，个个金石显创意"的文化特色，是方泰小学得以创生发展的精神根基。"与时俱进""文化为先""以人为本"是方泰小学近二十年金石文化形成、发展的重要特征，也是促进方泰小学发展的重要抓手。

第一，注重与时俱进，坚持继承传统、创新发展的时代使命，实现古今贯通。学校拥有百年的办学历史，这一历史不仅见证了中国近现代教育的变迁，也承载了坚韧不拔、为国为民的办学特色。在这一过程中，学校始终坚持继承和发扬中华民族的优秀传统文化，重点是在金石文化上的守正创新。学校从嘉定地区丰富的历史和文化出发，厚植于本地金石文化的历史与传统，进行创新性的传承和发展。在继承传统的同时，也注重与时俱进，将现代教育理念和技术融入金石文化建设中。学校通过引入现代艺术教育方法，结合数字技术手段，使金石文化更加生动、形象，更易于学生接受和理解。此外，学校还积极与国内外的金石文化研究机构和专家进行交流合作，引入先进的教育理念和研究成果，不断丰富和完善金石文化教育内容。方泰小学的金石文化，不仅让学生了解和掌握金石艺术的基本技巧，更注重培养学生的审美能力和文化素养。学校通过举办各种金石文化展览、讲座和实践活动，让学生近距离感受金石艺术的魅力，激发他们对传统文化的兴趣和热爱。同时，学校还鼓励学生进行金石艺术创作，将传统技艺与现代创意相结合，创作出具有时代特色的金石艺术作品。

第二，重视文化为先，不忘以文化人、春风化雨的育人初心，践行文化立校。学校始终坚持以文化为核心，开展学校文化建设，促进学校发展。学校紧紧围绕金石文化，从课程、课程群、课程项目出发，扩展到师生文化、校园文化、活动文化等，处处体现文化育人的关注。在课程建设方面，开发了一系列与金石文化相关的课程，如篆刻、书法、绘画等，鼓励教师进行金石文化课程的研发和创新，不断丰富和完善课程内容，使之更加符合学生的发展需求和时代发展的要求。在师生文化建设方面，注重营造浓厚的金石文化氛围，鼓励师生积极参与金石文化学习和研究。学校定期举办金石文化讲座、研讨会和展览，邀请国内外金石文化专家和学者来校进行交流和指导，为师生提供学习和研究金石文化的机会和平台。此外，学校还鼓励师生进行金石文化创作和研究，将金石文化融入日常教学和学习中，使之成为师生共同的精神追求和文化认同。在校园环境建设方面,注重将金石文化元素融入校园环境设计和布置中,校园内随处可见金石艺术作品,这些作品不仅美化了校园环境,更让学生在日常生活中感受到金石文化的魅力。学校还定期举办金石文化主题的校园活动,如"金石文化节"、"金石小能手"比赛等,让学生在参与和体验中感受金石文化的乐趣和价值。

第三,坚定以人为本,秉持全面成长、个性发展的教育策略,落实立德树人。学校百年来的历史是师生共同奋斗的历史、是校家社共同奋进的历史,始终围绕人的培养展开教育。近二十年来,金石文化的传承与发展始终围绕学生实践与个体成长展开,从兴趣启蒙到技艺锤炼,再到审美素养塑造及核心素养提升,全面贯彻促进学生综合发展与个性成长的教育理念。在人才培养方面,学校不仅关注学生专业技能的训练与艺术鉴赏能力的提升,更强调道德品质的塑造、人文精神的培育及社会责任意识的培养。学校积极推动学生投身金石文化志愿服务及社会实践活动,让他们在服务社会的过程中学会理解、关怀他人,并在实践中培养奉献精神,从而增强公民意识,提升社会责任感,最终成长为具有深厚文化底蕴和社会担当的"金石少年"。在教师专业发展方面,高度重视教师的专业成长与个性化发展,积极搭建多元学习平台,提供系统化的金石文化培训与学习机会,支持教师深入研究金石艺术,并鼓励教师在文化创作和教学实践中不断提升专业素养及教学能力。此外,学校强调教师个性特长的发挥,鼓励其依据个人兴趣领域开展金石文化育人的探索与创新,逐步形成具有鲜明特色的教学风格与专业品牌,努力培养具有深厚文化素养和创新精神的"金石教师"。在家长和社会参与方面,积极构建校家社合作机制,鼓励家长和社会力量参与金石文化建设。学校定期举办家长学校和社区讲座,向家长和社会传播金石文化,提升他们的文化素养和教育意识。同时,学校还积极与社会各界合作,引进社会资源和力量,共同推动金石文化的发展。

方泰小学的金石文化打造,体现了其深厚的历史积淀和文化传承,更展现了其与时俱进的教育理念和实践。学校始终坚持以文化为核心,以学生为中心,以人为本,不断探索和创新金石文化,培养具有全面素质和个性特色的人才,为传承和发展中华优秀传统文化做出积极贡献。二十年来取得的丰厚成就表明,以金石文化为核心促进学校可持续的路径是可行的,是学校文化建设的一条明路、通路。

二、金石文化的素养导向

核心素养以培养"全面发展的人"为核心,具体细化为人文积淀、人文情怀、审美情趣等18个基本要点。金石文化作为中华民族的瑰宝,历史悠久且博大精深,本身就具有文化属性和艺术属性,体现出深厚的人文底蕴和高雅的审美情趣。虽然金石文化没有专门对应的核心素养的要求,但综合其与相近学科核心素养的内容,比如,《义务教育语文课程标准》(2022年版)中语文学科要培养的核心素养是语言建构与运用、思维发展与提升、审美鉴赏与创造、文化传承与理解;《义务教育艺术课程标准》(2022年版)中艺术课程要培养的核心素养是审美感知、艺术表现、创意实践、文化理解四个方面,再结合其自身的特点,金石文化对学生核心素养的培育主要体现在人文底蕴、审美情趣、家国情怀、文化自信、勇于探究、乐学善学等方面。

(一)人文底蕴与审美情趣

金石文化是我国传统文化的重要组成部分,在不断的发展中,金石文化融合了文人志士的理想信念、审美情趣、人文内涵、道德品质等,在方寸之间,寥寥数字之中,蕴含着丰富多元的含义,形成了无坚不摧、坚韧执着的金石精神。金石文化以传承非物质文化遗产为己任,立足于立德树人的根本任务,引领学生领略中华千年文化,感知其中丰富的文化内涵,在潜移默化中培养学生勤奋刻苦、精雕细琢、锲而不舍的学习品质和工匠精神。在这个过程中,优秀的传统文化就像一颗种子,在学生们的心中慢慢生根发芽。

金石文化从审美素养中的认识美、发现美、创造美、评价美等方面入手,让学生在文化浸润中体会其中的古拙之美、古意之美、古雅之美,领悟到金石文化蕴含的坚韧刚毅、细腻温润、厚重大气、情感情趣和创新创造等美韵,从情感熏染中获得真、善、美的价值体验。

(二)家国情怀与文化自信

家国情怀和文化自信并非与生俱来,通过金石文化的教育和熏陶,使学生感受到中华优秀传统文化的博大精深,感受到其中的文化生命力、创造力,才能凝聚家国情怀,发自内心地形成国家认同、民族认同和文化认同,在精雕细刻中将家国情怀和文化自信深深植根于心中,为学生的成长印刻上优秀传统文化的底色。

金石文化是中华民族的国粹,凝聚家国情怀,蕴含着伟大的爱国主义和民族精神。

除了用文字"以印言志""以印言情"体现的金石精神,金石大师的爱国故事也深深感染着学生。当国宝《汉三老碑》即将流入异域时,年迈体弱的海派书画篆刻领袖吴昌硕到处奔走,并刻印作画义卖,募集到八千金赎回文物;当日寇铁蹄踏入北平,金石书画大师齐白石坚决不为日本人作画,义无反顾地封刀封笔,直到抗战结束,才恢复卖画刻印……他们以自己的爱国热情、操守品质,赋予了金石精神更深层次的内涵。

(三) 勇于探究与乐学善学

"书品即人品,治印学做人。"金石篆刻学习不能一蹴而就,需要长期学习和刻苦练习。篆刻印章时,需要协调身体、手、脑、眼,通过反复的观察、精准的判断、心无旁骛的专注、细致且有力量的雕刻,才能完成一方印章的创作。学生自主学习、探索,经过一次次地练习,渐渐学会正确分析金石作品,并在临摹刻印的基础上,融入自己的理解和思考。学生学会了坚持不懈,学会了精益求精、精耕细作,学会了主动探究、乐于思考,理解了什么是严谨,什么是脚踏实地。一次次地练习,一次次地修改,甚至一次次地磨掉重来,最终不仅磨砺出一方方优秀的金石作品,更磨炼出学生坚强的意志、持之以恒的耐心,以及不畏困难、不怕失败的品质,学生把自己内心最质朴纯真的情感,和坚持、坚韧、专注、细心等优秀的品质一起深深地刻进印章里,在方寸之间运筹帷幄,在金石文化这片充满魅力的天地里,舒展生命,施展才华,修炼心性。

金石文化是我国传统文化百花苑中的一枝奇葩,小小的一方印中既凝聚着思想和情感,亦承载着文化和美感,是培育学生核心素养的宝贵资源。在金石文化浸润中,紧紧围绕立德树人的根本要求,始终将核心素养的培育放在首位,通过深入探寻其背后蕴含的艺术特色和人文精神内涵,充分发挥其潜移默化的育人价值,对培养学生成为"全面发展的人"具有重要作用。

附:金石文化课程育人案例

促进文化理解的艺文融通新路径

近年来,随着城市化进程的推进,方泰小学的学生来源遍布全国二十多个省市。这些来自五湖四海的孩子们,活泼好动、天真质朴,生活自理能力和环境适应能力较强,有着对知识的渴望和对未来生活的期许。学校历史底蕴深厚,周边传统文化资源丰富。怎样将这近千名具有不同生活学习方式、不同文化背景的孩子们融合成一个大家庭,引发学校的思考。

学生们无论来自哪里,都有一个共同的身份——中国人。因此,中华优秀传统文化就是这样一个支点,能让全校孩子接受中华民族文化大融合教育,增进互相了解、互相认同,在共同的学习生活中,寻找自己的价值感和归属感,形成正确的价值观。其中,"金石文化"作为中华优秀传统文化的代表之一,以其独特的民族性、历史性、艺术性、文化性,受到大家的青睐,由此也揭开了学校近二十年金石文化发展序幕,全校形成了"人人会拿篆刻刀,个个金石显创意"的中华文化传承的浓郁氛围。

一、基于"核心素养"的课程结构搭建

《义务教育艺术课程标准》(2022年版)指出:"艺术课程以立德树人为根本任务,着力加强社会主义先进文化、革命文化、中华优秀传统文化的教育。聚焦审美感知、艺术表现、创意实践、文化理解等核心素养,坚持以中华优秀传统文化为主体,追求精神高度、文化内涵、艺术价值相统一。"

学校在金石文化建设中,以课程教学为重要抓手,并一直在思考:如何适应"双新"(新课程、新教材)背景下课程对学生核心素养,尤其是"文化理解"素养培养的要求,探索一条促进学生艺术修为与文化底蕴相融通的新路径。

学校深入挖掘金石文化相关课程中的丰富文化内涵和育人价值,以学生核心素养培养为导向,遵循学生认知规律,综合多领域知识能力,形成"金石言史""金石言情""金石言韵""金石言志""金石言创"五项学习领域,每项领域下含有四个实践活动,在"动手做""实验""探究""设计""创作""反思"等过程中,激发学生对优秀传统文化的"体验""体悟""体认"。

二、基于"文化理解"的课程内涵解读

"文化理解"是指个体在特定的文化情境中,基于对艺术作品及其承载的人文内涵的多维感知,进行深入解读、反思与表达的一种综合能力。文化理解的核心在于个体对艺术作品所蕴含的文化特质及其精神内涵的深刻感悟。这一过程并不仅限于表层的欣赏与解读,更涉及对艺术在文化变迁中的历史作用及其现实价值的剖析。个体需要通过艺术活动的体验、作品的研究,全面认识艺术与文化之间的互动关系,理解艺术在文明进程中的贡献,以及其在社会发展、价值观塑造和群体认同中的独特地位。

金石文化相关的课程教学是在原有指导学生进行篆刻技艺学习的基础上,将金石文化丰富的内涵融入其中,有助于增强学生文化自信。学校以落实核心素养为导向,以"文化理解"素养培养为重点,深度挖掘金石文化中所蕴含的"文化价值、文化传承、文化贡献、文化修养、文化创新"等文化内涵,通过艺术与文化相融通的方式,让学生增进对中华优秀传统文化的理解认同,形成锲而不舍、金石可镂的意志品质,担当守成创新、传承发展的历史使命。

学习领域	学习目标	文化属性
金石言史	了解汉字的进化史、金石文化的发展史,感悟中华民族在历史长河中取得的伟大成就,领会艺术对文化发展的贡献和价值,培养精诚所至,金石为开的精神力量。	文化贡献
金石言情	了解金石篆刻艺术家的治学成才之路,感悟他们身上的优秀品质和人格魅力,阐述艺术与文化之间的关系,培养金石不渝、金石至交的道德品质,追求艺术家德艺双馨的人生价值。	文化修养
金石言韵	在欣赏、创作篆刻作品中发现、挖掘和感受各类金石篆刻作品的美学意蕴,领略中华优秀传统文化的博大精深,培养点石成金、大美无言的古雅逸趣。	文化价值
金石言志	发现和探究"青田石""昌化石"等来自全国各地篆刻石材的特性,体会古人以石表意、以石育情、变废为宝的智慧与才情,传承锲而不舍、金石可镂的人生志向。	文化传承
金石言创	尝试进行金石篆刻的作品创新与应用,学会自主设计和制作应用于日常生活情境中的金石文创作品,培养金石之品、别具匠心的创新能力。	文化创新

以"金石言情"为例,通过引导学生了解吴昌硕、齐白石等篆刻名家的治学成才之路,引领学生感悟他们身上的优秀品质和人格魅力,培养学生金石不渝、金石至交的文化修养,学会像金石艺术家一样通过创作表情达意,追求艺术家德艺双馨的人生价值。

三、基于"项目探究"的课程整合实施

在课程实施中,注重基于真实问题设计学习任务,加强学生知行合一、学思结合。支持学生对富有真实性、挑战性的问题进行持续探究,形成项目成果,让学生经历提出问题、界定问题、分析与解决问题等创造性解决问题的过程。

例如，在"金石言史"领域学习中，针对"为什么古老的印章在现代社会还能发挥它的作用"这个问题，首先开展"探究小挑战——寻找我最喜欢的一枚印章"等探究活动；其次，梳理印章在不同时期的作用和意义，领会艺术对时代进步和文化发展的贡献和价值；之后，学生以思维导图呈现金石篆刻艺术的历史发展脉络，绘制金石文化发展史小报，找寻印章在现代生活中的实际应用。学生发现了北京2022年冬奥会的体育图标，就是明显的汉印篆刻风格，将冬季运动元素与中国传统文化巧妙结合；最后，"金石文化宣讲会"的举办，让学生充分阐述艺术与文化之间的关系，解答传统文化如何在现代社会重新绽放光芒等问题，进一步宣传普及金石文化。

在五项学习领域的出项环节，创设"篆刻作品展评会""篆刻石材展示会""金石文化宣讲会""金石名家舞台剧""金石文创义卖会"等情境。例如，在"金石言韵"的学习领域中安排了一场"篆刻作品展评会"，从"让传统文化通俗易懂、贴近生活、走进大众"这一任务出发，学生个个化身文化使者，将所学知识梳理提炼，运用声光电等形式，团队合作进行作品布展、作品讲解、作品示范，既帮助自己和伙伴提高了对金石文化的再认识、再理解，也承担了作为一名文化传播者的光荣使命。

四、基于"育人价值"的课程建设成效

金石文化相关课程的践行，逐步由知识本位走向素养本位，从学科割裂走向学科统合。课程引导学生综合运用多个领域的知识能力、学习方法及素养，以一定的方式和主题联系起来，联合校内外等多方资源应用，从感受中华优秀传统文化韵味，感悟艺术家艺术情操与文化修养，阐释艺术与中华民族历史、文化发展的关系，以创新创造之术让传统文化永葆生命力等方面入手，深切感悟金石文化的文化内涵和育人价值。

其一，感悟文化价值。学生在学习过程中，不仅能体悟到传统文化的深厚底蕴，还能领略金石篆刻艺术所独具的多重美感——坚韧刚毅之美体现在刀刻金石的力量与力度之间的平衡，细腻温润之美则展现在线条雕琢的精妙与和谐，厚重大气之美彰显于印章布局的庄重与典雅，情感情趣之美蕴含在印面篆文的意境营造中，而创新创造之美则体现在现代篆刻对传统元素的突破与重构。学生通过这一艺术形式的学习，在情感熏陶中逐步建构对真、善、美的深层价值认同，形成审美素养的提升与文化自觉的觉醒。

其二，体验文化传承。学生通过篆刻这一艺术形式，将关注点投向现实生活，以篆刻印章的方式记录社会变迁、描绘家乡风貌、承载民族记忆、表达家国情怀。他们以刻刀为笔，以石为载体，将中华文化的精神符号镌刻在金石之间，赋予传统文化新的生命力。他们在作品创作中融入个人理解，以篆刻表达对"家国情怀""中国梦"等主题的独特见解，在铭刻家乡美景、民族精神的过程中，体会到文化的力量与传承的意义。金石篆刻不再是孤立的艺术形式，而是与现实紧密相连，既贴近日常生活，又能走进大众视野，让传统文化真正"飞入寻常百姓家"。

其三，认识文化贡献。金石篆刻艺术的演进与发展，深深植根于中华文明的历史脉络，其形成不仅受到历代政治、经济、社会变迁的影响，同时也是中华文化传承与发展的重要组成部分。学生通过深入挖掘传统文化资源，系统梳理金石篆刻在不同历史时期的演变历程，能够更全面地理解其在文化传承中的重要作用。金石篆刻不仅仅是一种艺术表达形式，更是一种承载民族记忆、沟通古今文化的载体。通过学习，学生能够认识到它不仅承载着美学价值，还在文化交流、社会认同以及思想传播等方面发挥了重要作用，成为联结古代与现代、国内与国际的文化纽带。

其四，增强文化修养。金石篆刻艺术的学习不仅仅是一种技艺训练，更是对个人意志品质与文化素养的深度锤炼。在学习过程中，学生需要在反复的练习中不断调整技法，注重细节，保持高度的耐心与专注。这种艺术形式要求持之以恒，容不得浮躁与急功近利，学生在长期实践中自然养成严谨细致、坚持不懈的做事习惯。此外，通过学习，学生能够深刻体会到历代金石篆刻名家在艺术探索过程中所展现出的坚韧不拔、精益求精的精神风貌。通过临摹大师的作品，领悟他们"以刀代笔"的匠心精神，在技法提升的同时，也在潜移默化中汲取前人的智慧，培养谦逊好学、奋发向上的品格，并在团队合作的过程中学会互助共进，养成包容与协作的意识。

其五，推动文化创新。学校注重培养学生的创新意识与创造能力，通过拓展思维训练，引导学生将金石篆刻的艺术元素融入创意设计，探索其在现代生活中的多元化应用。学生在学习过程中，不再局限于传统的技法，而是通过材料重组、形态创新、数字化拓展等多种方式，使金石篆刻艺术与现代设计理念相结合，从而探索出新的艺术表达形式。这一创新实践的过程，不仅帮助学生掌握创造性思维方法，还进一步强化了他们的文化自信，使其意识到，作为优秀传统文化的学习者与传播者，承担着传承与发展的双重使命。通过探索金石篆刻在文化创意、视觉设计、产品开发等领域的应用，学生能够突破传统艺术的局限性，在文化创新的实践中展现新时代青少年的文化担当。

金石文化课程教学的实施，进一步挖掘了金石文化中丰富的文化内涵和育人价值，以学生的核心素养培养为导向，遵循认知规律，综合多领域知识能力，从人文情怀、美学意境、价值引领等方面，形成了以优秀传统文化培养学生核心素养的可复制、可借鉴的路径。

第三章

精诚所至：独具特色的学校"金石文化"体系构建

第一节　金石文化的核心价值
第二节　金石文化的生态系统

第一节　金石文化的核心价值

方泰小学的金石文化及其核心价值一脉相承、历久弥新。"以文化人"的立校准则使得方泰小学能够实现学校建设与发展的可持续,这一路径何以可能?如何实践?回答这些问题不仅要回到教育实践本身,同样要追溯到文化核心价值这一精神根基。方泰小学二十年来所努力建设生成的金石文化,在物质形态、价值取向、精神追求等方面具有强大的生命活力,这就为金石文化与学校发展的相互促进、融合发展提供了巨大潜能。首先,作为立足本地、本土的优秀传统文化结晶,金石文化具有深厚、深远的历史积淀,虽然迄今为止已有非常丰富的金石技艺传承、金石作品留存,但仍有待进一步发掘,其价值、意蕴仍有待于与学校教育进一步结合,在接续传统与面向未来中不断发展;其次,金石文化可以称之为一门传统文化的"活化石",在经济发展迅速、科技发展迅猛的今天,金石文化的形态、载体存在一定的创新发展,随着时代进步其内涵、价值需要创新性、时代性的新阐释、新理解,随着传统文化资源的不断发掘、文化资源的生成与再造,金石文化仍处于持续不断的继承发展之中,这一历久弥新、与时俱进的优秀传统文化创新能够切实有效地带动学校的可持续建设发展。

所谓教育核心价值体系,即学校的立身之本、建设之根、发展之魂,包含小学理念、校风校训、办学目标等重要方面,与学校文化、精神内核密切相关。新世纪以来,方泰小学在学校文化塑造的进程中,在实践中贯通融入金石文化,形成了独具特色的学校文化。金石文化核心价值体系,是方泰小学继承传统、引发生成的学校金石文化的集中体现,是学校发展可持续的重要支撑。可以说,深入透析金石文化核心价值体系的建构生成,就能够寻觅到学校建设、发展、进步的关键经验。

金石文化是方泰小学学校文化的重要核心,从传统文化中汲取营养,金石文化核心价值以金石品质集中展现,体现为师生共同追求的坚韧、至诚、大爱、智慧品质。学校"立本生道"的办学理念中,坚持文化立校、以文化人,始终贯彻的是对金石品质的孜孜追求,关乎师生的内在、行动与理想;金石文化同样融入在学校文化建设的重要抓手——校风校训之中,以"点石成金　大美无言"为校训,以"金石为开　美人美己"为

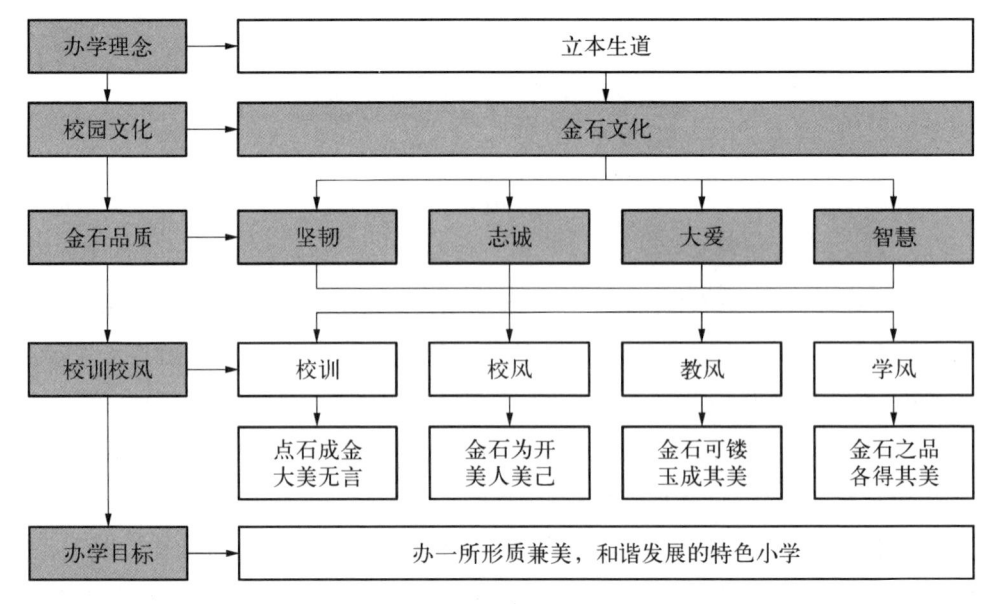

```
办学理念 → 立本生道
校园文化 → 金石文化
金石品质 → 坚韧  志诚  大爱  智慧
校训校风 → 校训       校风       教风       学风
           点石成金   金石为开   金石可镂   金石之品
           大美无言   美人美己   玉成其美   各得其美
办学目标 → 办一所形质兼美，和谐发展的特色小学
```

图 3-1 方泰小学核心价值架构图

校风，以"金石可镂 玉成其美"为教风，以"金石之品 各得其美"为学风，将金石文化融汇于学校教育教学的方方面面。金石文化及其核心价值正是方泰小学"办一所形质兼美，和谐发展的特色小学"办学目标所坚持的办学之道，以文化促进师生进步、学校发展正是方泰小学百年来的历史经验与成功之道。

一、办学理念的本道之论

"立本生道"是方泰小学始终如一的办学理念。《论语·学而》中提到"君子务本，本立而道生"，字面解释为君子专心致力于根本的事物，根本建立起来，"道"则相应生发出来。"本"是指根本、根源与基础，而"道"在我国传统文化中有多重解释，原文中的"道"是仁道，即以仁为核心的做人治国的原则。方泰小学以"立本生道"作为办学理念，其中"本"为教育的根本、基础，"道"为教育的规律、方法。就是强调探索教育的本源，追求教育的本质，以教师个人的职业道德和职业追求为本，以学生的身心发展和认知规律为本，立足于本校实际，以"本"为基础开展教育教学活动，从而逐渐悟得教育之

"道",形成一种规范,或掌握一些规律。从建立"本"到生发"道",学校在办学上始终坚持育人根本、遵循教育规律,以引导、培养、塑造、成为君子为理念走过百年风雨。

方泰小学在立校之初就确定了"文化立校"的发展方针,如今卓有成就、发展蓬勃、独具特色的金石文化是学校一代又一代人不懈努力的成果。文化立校就是注重"以文化人"。"文"是文化、文明,是中华传统文化中的优秀结晶,是久经历史发展留下的璀璨遗产,其同样意指社会、学校中的文化精神与文化载体,是包括知识、环境、氛围的集中体现;"化"是感化、教化,是强调润物无声、浸润培养的持久的教育影响,予人启迪成长、生长发展,而不是生硬地灌输与填充。"以文化人"是文化立校的基本准则与教育追求,也是长期教育实践得出的宝贵经验。这意味着学校在教育实践中,不仅要重视学生的知识性学习、技能习得等方面的教学要求,更要注重学校孕育、施行了什么样的学校文化。不同于前者对学校教育中的表象、可见的物质层面的几种关注,后者同样注重学校中隐性课程——文化在立德树人、学以成人方面的重要作用。金石文化是方泰小学得以文化立校的重要抓手,不仅诞生于地方深厚的传统文化积淀,更得益于学校师生对优秀传统文化的丰富诠释与具体诠释。金石文化的核心价值一脉相承,凝练着中华优秀传统文化的精神特质与历久弥新的教育意涵。

二、金石品质的具体阐释

金石是中华优秀传统文化中极为重要的一支,篆刻、雕塑、雕刻等技法与实物是金石传承的重要路径,金石以具体实物形态作为文化载体,极大程度地保留、传承、延续了中华传统文化,而金石的文化意蕴、精神价值则蕴含在金石文本之中、金石实物之内。方泰小学以金石篆刻为抓手,对金石、金石文化进行了创造性、发展性的解读,面向学生发展,社会进步做出了具有教育意蕴的深刻阐释,生成了金石文化的核心价值。坚韧、至诚、大爱、智慧是金石文化的价值内核,是学校得以文化立校的精神根基。

坚韧——锲而不舍,金石可镂。无论是金石技艺还是金石作品,少不了的是日复一日的技艺修习、实践积累,面对成长中的磕磕碰碰、坎坎坷坷,学生必须学会坚韧不拔,沉得下心,吃得了苦,养成意志坚定、不折不挠的韧性品格在这个时代无比重要,正因有了坚韧,学生才能在未来的风风雨雨中向自己的理想奋力迈进。坚韧的品德始终是师生员工共同的精神追求,学校鼓励每一位学生、每一位教师,在面对学习与工作的挑战时,都能像镌刻金石一般,保持不懈的努力与坚持,相信通过持之以恒的奋斗,再坚硬的困难也能被克服。

至诚——精诚所至,金石为开。"诚"有三重意蕴:一是诚实,待人接物真实不遮掩,拥抱本真以面对世界的方方面面,做人做事实事求是、本分实在;二是诚恳,在学习生活、与人交往之中敞开心扉,以谦虚真挚的态度在世界中生存;三是真诚,真心诚意用心相处,无论是对待他人、对待自己真心坦诚,坦坦荡荡。三者并非割裂地存在,而是共同指向一种做人处事的态度,教会学生诚心正意方能成功,只有以真诚之心待人接物,以专注之态治学问道,才能打破隔阂,开启智慧之门,实现个人与集体的共同成长。

大爱——互助互爱,金石之交。正如我国金石、金石学的传统发展,友善交往、情谊深厚是一个个金石佳话背后的重要支撑。学生在金石相关的学习实践中不断与人互动,在与教师、与同伴的交流中认识到他人的存在与团结他人的重要性,逐渐学会互助友爱、培养友情,在互相帮助中形成良好的氛围。师生之间、学生之间需要建立如同金石般坚固而纯洁的友谊,大家互帮互助,共同进步,形成了一个温馨和谐、充满正能量的学习团队。这种大爱不仅体现在日常的帮助与关怀中,更在于关键时刻的挺身而出,共同面对挑战,携手走向成功。

智慧——奋发有为,点石成金。金石篆刻作为一项技艺不仅需要努力,更需要思考体悟。在成为成功者的道路上追求智慧必不可少,智慧是启蒙学生成长、个体发展、精神丰满、健全成人的必要品质,欣赏智慧、追求智慧、习得智慧是学生在金石文化浸润下的重要品格,认真学习、热爱钻研、奋发进取是金石品质的重要部分。学校鼓励学生勇于探索未知,敢于创新实践,用智慧的光芒点亮前行的道路。同时,也激励教师不断提升自我,完善育人方式,将知识的种子播撒在学生的心田,让每一位学生都能在成长的道路上绽放光彩,实现自我价值的升华。

三、校风校训的内涵阐发

作为方泰小学的校训,"点石成金　大美无言"有着丰富的教育内涵,依托以金石精神展现方小人的深刻教育理念和育人追求。学校通过尊重学生个性、平等对待每个学生,以及注重文化浸润,为学生的全面发展和个性化成长提供了坚实的基础。

石,谓之朴实无华的天性之纯;金,谓之熠熠生辉的成才之荣。大,谓之品高志远的德行之优;美,谓之兼容并济的涵养之深。"点石成金 大美无言"即遵儿童发展之规律,应儿童自然之天性,施润物无声之育,成至真至美之才。

首先,"点石成金"强调尊重每个学生的个性,鼓励学生在探索中寻求个性化的发展。因此,学校致力于为每个学生提供个性化的教育,通过开设多样化的课程,为学生提供广泛的学习和发展机会,使他们能够在自己感兴趣的领域中深入探索和成长。这种个性化的教育方式,不仅能够激发学生的学习兴趣和积极性,更能够帮助他们建立自信,培养创新思维和解决问题的能力。其次,"大美无言"强调了文化在育人过程中的重要作用。学校认为,文化不仅是知识的传递,更是一种精神的浸润和价值的塑造。因此,学校注重在学习和生活的各个环节中发挥文化的作用,通过校园文化、课程文化、活动文化等多种方式,培养学生的文化素养和审美情趣。学校通过创设富有文化氛围的校园环境,举办丰富多彩的文化活动,以及融入文化元素的课程设计,使学生在日常生活中不断接触和体验文化,从而在潜移默化中受到美的熏陶和影响。

"点石成金 大美无言"的校训集中体现了学校对于学生潜在发展空间与可能性的坚信,以及对每一个学生的平等对待。学校相信,每个学生都有无限的潜力等待发掘,无论他们的背景、能力和起点如何。因此,学校致力于为所有学生提供平等的教育机会,确保每个学生都能够获得必要的资源和支持,以实现他们的潜力和梦想。学校通过公平的评价体系和个性化的教学方法,确保每个学生都能够在适合自己的节奏和方式中学习和进步。这种平等的教育态度,不仅能够促进学生的全面发展,更能够帮助他们建立公正和包容的价值观。

除了与金石文化紧密交融的校训之外,学校在校风营造上亦有深厚积淀,形成了教风学风相得益彰、螺旋攀升的文化图景。秉承校训精神,学校"金石为开 美人美己"的校风,其意在金石之坚与美人之雅的结合中彰显教育之道。金石之"开",乃破坚之智;美己之"美",则修身之境。校风如春风化雨,以刚柔并济涵养风骨,以内外兼修涵育德行,师生共以修齐治平之志、兼济天下之情,开掘人性之光辉,塑造完美人格之至境,使校园弥漫儒雅正气,映现高远之风范。

在丰富的教学实践中,方泰小学形成了"金石可镂　玉成其美"的严谨教风。金石之"镂",象征教育之磨砺;玉成之"美",寓意育人之成全。教风如执金之手,承石之韧,以传道授业为核心,以启智润心为根本。教师于课堂之上如匠人雕琢璞玉,既以严谨治学为基石,又以慈怀善意为灵韵,锤炼知识之器,滋养德行之魂。金石可镂,乃寓勤学笃行之志;玉成其美,方显师者仁心之大。学校教师秉承此风,于千锤百炼中厚积学术之蕴,于润物无声中成全育人之道,使"立德树人"跃然于校园每一处细节之中。

与之对应,学校以"金石之品　各得其美"为学风。金石之品,重在刚毅笃实;各得其美,贵于包容多元。学风如山间之石,质朴而坚韧;如河中之金,淬炼而灿烂。方泰学子循此学风,持金石之志,以探知真理为方向,秉持求知问道之心,力践知行合一之道;涵各美之意,以发现美、欣赏美、创造美为要义,于学海遨游中拓展格局,于群学共生中明晰个性。学生既尊重内在天赋之差异,又于团队协作中扬长避短,融汇共进,形成个性与共性兼修,品格与学识并蓄的和谐美学。

方泰小学的校风、教风与学风,皆以"金石"之精神为体,以"大美"之追求为用,三者一脉相承、交相辉映。校风如明镜,映照道德风骨;教风如雕刀,精琢育人之技;学风如玉匣,藏纳至美之器。三者在金石文化的浸润中,筑牢教育根基,铸就卓越品格,开拓无限未来。此"三风"与校训相辅相成,共同绘就了学校文化建设的壮丽画卷,展现了教育育人之时代担当。

四、办学目标的生动阐述

学校以"办一所形质兼美、和谐发展的特色小学"为办学目标。

形质兼美,乃教育之大成,和谐发展,则是学校生命力的延展。方泰小学以"形"为外,以"质"为内,将校园环境的优美与文化底蕴的深厚融为一体,形成特色鲜明的教育生态。"形"既指校园物理空间的美化,更涵盖组织管理的科学性与高效性,注重每一处细节的精雕细琢;"质"则是文化灵魂的彰显,深植于金石文化的内涵,通过制度、教学、德育等层面的深度实践予以具象呈现。二者相辅相成,共同构建一个如金石般坚韧厚重、如艺术品般精美和谐的校园体系,为学生与教师提供了双向互动、彼此成就的发展平台。

(一) 打造优美校园环境之"形"与朴实金石文化之"质"兼具共美的学校运行与发展生态。

校园环境之"形",乃其外在表现,既包括物理环境的优化,也涵盖制度运行的和谐高效。学校以优美环境为依托,融入金石文化,使校园每一处景观都浸润着教育的哲理与文化的韵味。而"质"则体现为学校文化的内涵与精神气质,以金石文化为核心理念,赋予教育深邃的价值追求。形质兼具之共美,体现在学校运行的每一个环节,从教学管理到活动设计,从环境建设到文化传承,无不体现协调有序、优雅大气的教育氛围。正是"形"与"质"的交融共生,使学校的办学目标得以在日常运行中呈现出独特的教育风采。

(二) 涵育知、情、志、行和谐发展的大美儿童及师德与专业和谐发展的雅美教师队伍。

儿童发展之"大美",在于全面成长的协调统一。知,乃智慧之启发;情,乃心灵之丰盈;志,乃理想之高远;行,乃践履之坚定。学校注重培养学生知识与能力的双向提升,更重视情感与价值观的深层培育,助力学生在人格修养与能力塑造上和谐发展。与此同时,教师队伍之"雅美",体现为德行的高尚与专业的精湛。学校以师德涵养为根本,以专业提升为路径,引导教师在教育实践中内外兼修,达到人格魅力与职业素养的有机统一。师生关系的和谐美好,成为推动学校教育事业不断向前的关键驱动力。

(三) 建设确保国家基本教育目标"底色"与地方、校本培养目标"亮色"融会实现的特色小学。

国家教育目标的"底色"是学校教育发展的根本保证,体现了教育的公益性、普及性与公平性;而地方与校本培养目标的"亮色"则是教育特色化发展的重要体现,是对学生个性需求和区域资源优势的有效回应。以"底色"筑牢教育的根基,确保学生达到国家规定的基本素养与能力标准;同时,以"亮色"丰富教育内涵,通过深度挖掘本土文化资源,融入金石文化的特色育人体系,彰显学校的独特风格与办学品位。底色与亮色的交融,不仅实现了教育普适性与个性化的平衡,也为学生的发展提供了更加多元与开放的成长空间。

第二节　金石文化的生态系统

二十年来,方泰小学的金石文化建设的重要经验是,以金石文化为核心打造学校文化生态。在风雨兼程的办学实践中,方小人深刻认识到了文化建设对于学校可持续发展的至关重要性。学校创造性地构建了以金石文化为核心的文化育人生态系统,这一系统不仅彰显了学校独特的发展特色,还深深扎根于地方传统文化的沃土之中,同时融入了育人为本的发展理念。这一文化生态系统的构建,不仅是对传统教育模式的创新,更是文化生态理念在教育领域的一次生动实践。

一、学校文化生态研究基础

文化生态,这一跨学科的理论框架,深刻地融合了生态学的精髓与文化的广阔视野,它以一种前所未有的"生态"透镜,审视并剖析着社会肌体中文化现象的多样性、复杂性与动态性。在这一视角下,文化被视作一个庞大而精细的系统,其内部蕴含着文化系统本身的运作逻辑、文化环境的多维影响、文化资源的丰富蕴藏、文化状态的瞬息万变以及文化规律的深邃奥秘。文化生态的核心议题,犹如生态系统中错综复杂的网络,触及文化的生态根基、多样性的维护、群落的共生、结构的层次、网络的交织、链条的延展,乃至文化在历史长河中的变迁与演进。

早期的生态文化与环境文化探讨,侧重于人类社会与自然环境间那份微妙而深刻的相互依赖与互动,而文化生态概念的提出,则是对这一传统视角的超越与拓展。它不仅保留了"社会与自然"和谐共生的核心理念,更将触角延伸至文化所处的广泛环境之中,包括自然、社会、文化等多重维度的交织与影响。文化生态强调以生态学的思维方式,深入剖析精神文化与其外部环境(涵盖自然环境、社会环境,乃至更深层次的文化环境)之间,以及精神文化内部各价值体系间错综复杂、相互依存的关系网络。这一过程,实质上是对文化生命力的深度探索,揭示了一个充满活力、不断演变且高度复杂的文化场域。

(一) 学校文化生态的理论基础

学校文化生态理论的探讨始于人们对学校作为独特文化实体的深刻洞察。学校，这一传统上被视为知识传递与人才培养殿堂的场所，实际上更是文化生态的一个微缩而复杂的模型。该理论的基础深深植根于生态学原理在教育领域的创造性应用，它超越了传统教育理论的局限，着重强调了学校文化生态的整体性、联系性和动态性。学校文化生态特指在学校这一特定而封闭的空间范围内，由学校主体（如师生、管理者等）与学校文化之间、学校文化整体与其构成要素（如物质文化、精神文化等）之间，以及学校文化系统与外部环境（如家庭、社区、社会等）之间，通过相互影响、相互作用而形成的一个有机整体[1]。这一理论框架创造性地将学校视为一个开放的、不断进化的系统，其内部各文化要素与外部环境之间存在着复杂而微妙的动态相互作用和平衡机制[2]。学校文化生态理论基础的核心在于生态学原理与教育实践的深度融合，它强调学校作为教育与社会文化交汇的重要场所，其文化构成与外部环境之间存在着密切且持续的相互作用与动态平衡。学校文化生态理论认为，学校是一个由多种文化形态和要素交织而成的复杂而动态的系统，学校文化生态涵盖了物质、制度、行为和精神多层面，这些要素在相互依存、相互影响的过程中共同推动着学校文化的不断发展和演进[3]。

(二) 学校文化生态的构成要素

学校文化生态是一个由多个相互关联、相互依存的要素构成的复杂系统，这些要素共同形成了一个多层次、多维度的复合生态系统。从系统论的角度来看，学校文化生态的构成要素主要包括三个层次——

1. 微观系统：以"人"及其思想观念为核心，这是学校文化生态的基石。这一层次包括了校长、教师、学生等学校主体，以及由他们生发、传承的各种思想观念和价值理念。这些主体和观念共同构成了学校文化生态的微观基础，是推动学校文化发展的根本动力。

---

[1] 岳伟、王欣玉《作为复合生态系统的学校文化及其品质提升的实践理路》，《南京社会科学》2021年第8期，第154—162页。
[2] 李学农《广义学校文化论》，《江苏教育学院学报》（社会科学版）1994年第1期，第39—43页。
[3] 余清臣、沈芸《论学校文化生态系统》，《教育发展研究》2005年第20期，第83—86页。

2. 中观系统：由微观系统中的各主体之间，以及主体与其所处环境和文化要素之间的互动所构成的多元文化子系统。这些子系统涵盖理念文化、校园文化、课程文化和课堂文化等多个层面，共同构成学校文化生态的中观层次。这些子系统并非相互独立，而是在持续的动态交互中相互影响、相互作用，从而塑造学校文化的整体格局与独特特质。

3. 宏观系统：指学校所处的更广阔的外部环境，包括自然环境、社会环境及政策法规等规范领域。这些外部因素对学校文化生态产生深远影响，是塑造学校文化体系的重要支撑力量。宏观系统不仅决定了学校文化发展的外在条件，也为其提供了方向性引导与制度保障①。

从具体构成要素来看，学校文化生态由多个层次和要素构成，主要包括物质文化、制度文化、行为文化和精神文化等。物质文化为学校提供了有形的文化载体，如校园环境、教学设施等；制度文化则规范着学校成员的行为和互动方式，如学校的组织结构、规章制度等；行为文化则体现在学校成员的日常行为和互动中，如师生的言行举止、课堂互动等；精神文化则是学校文化的灵魂和核心，包括学校的社会主义核心价值观、教育理念等。这些要素在相互作用中共同推动着学校文化的发展，形成了学校独特的文化生态②。

（三）学校文化生态的重点难点

学校文化具有整合性、系统性、复杂性的基本特点，学校文化生态的创生发展过程中，存在一系列重点与难点，已有研究对此做出了较为详细的论述。在学校文化生态建设的重点方面，主要包括——

1. 文化主体的协同性：学校文化建设需要教师、学生、家长以及社会力量的共同参与和协同努力。只有各主体之间形成合力，才能推动学校文化的持续发展和创新。

2. 文化要素的联动性：学校文化建设要求实现全要素联动，构建整体融通的学校文化生态。只有当物质文化、制度文化、行为文化和精神文化等要素有机结合起来，才

---

① 徐书业、朱家安《学校文化生态属性辩证》，《学术论坛》2005年第5期，第171—175页。
② 李亦菲《对学校文化的要素与结构的分析》，《天津师范大学学报》（基础教育版）2008年第1期，第11—16页。

能生成一个相互依存、相互促进的整体①。

3. 内外环境的深度耦合：学校文化建设要注重内外环境的深度耦合，推动学校文化系统的动态开放。学校需要主动积极适应外部环境的变化，同时保持学校文化的独立性和特色。

4. 文化认同感的建立：学校文化生态的建设需要在校内外建立广泛的文化认同感。这有助于增强学校成员的凝聚力和归属感，推动学校文化的传承和发展。

5. 文化多样性的保护：在全球化背景下，保护和弘扬学校文化的多样性成为我们面临的重要任务。更多元的文化形态需要尊重不同文化背景和文化差异，推动学校文化的多元化发展②。

在学校生态文化建设的难点方面，主要包括——

1. 主体协同性的缺失：在实践中，学校文化建设主体之间的协同性不足，导致文化建设难以形成合力，不同主体的沟通协调缺乏机制、观念等的有机整合。

2. 建设过程的割裂：学校文化建设过程中，往往存在建设过程割裂、缺乏整体性和连贯性的问题，许多学校在建设过程中缺乏规划和设计，容易形成上下割裂、分而治之的不良形态。

3. 内外系统交互不足：学校文化建设中，内外系统的交互不足是许多学校面临的困境。随着时代的发展，外部社会环境与家庭环境对学校的影响越加大，同时对学校提出了新的需求，如果学校不能有意识形成连接、及时变革转变、积极主动创新，就难以与社会、家庭等外部环境实现良性互动。

4. 文化冲突的处理：不同文化背景的师生可能带来文化冲突，文化系统差异需要多方努力进行磨合、弥合，深入的文化背景了解是解决这一困境的重要路径，增进相互理解和尊重极为重要③。

5. 文化创新的推动：在保持传统的同时，推动学校文化的创新和更新是一个重要挑战。文化传承不是固守一成不变，而是需要鼓励创新思维和创新能力的发展，为学

---

① 杨孝如《论学校文化生态》，《当代教育科学》2007年第17期，第6—9页。
② 杨志成《学校文化建设的解构与建构》，《中国教育学刊》2014年第5期，第41—44页。
③ 谢翌、马云鹏《学校文化的反思与重建——兼评介美国加纳多小学的文化建设》，《比较教育研究》2005年第8期，第24—29页。

校文化注入新的活力和动力。

(四) 学校文化生态的建设路径

已有研究关注到有效推动学校文化生态的建设和发展,需要一定的技术支撑与实现路径,总结来看包括以下方面——

1. 加强多主体协同:构建"校长主导——师生参与——家庭、社会辅助"的协同机制。这一机制旨在尊重师生的主体地位,赋予他们更多的参与机会和权利;通过加强沟通和协调,形成各方共同参与、共同推动学校文化建设的良好氛围。

2. 实现全要素联动:推动学校文化理念体系与实践体系的双向互动。这需要我们深入挖掘学校文化的内涵和价值,将其贯穿于教育教学、课程建设、制度管理等各个环节中;同时,加强各文化子系统之间的关联和互动,实现全要素联动和整体融通。通过构建学校文化与教育教学工作的有机结合体,推动学校文化的全面发展和提升[①]。

3. 注重内外深度耦合:促进学校文化与宏观系统之间的有机融合与交互影响。这需要我们积极适应外部环境的变化和发展趋势,同时保持学校文化的独立性和特色;加强与社会文化、家庭文化等外部环境的联系和互动,为学校文化发展注入新的活力和元素。通过推动学校文化的开放和创新发展,实现内外环境的深度耦合和动态平衡。

4. 焕活文化内生机制:推动学校文化自身内生机制的激活和发展。这需要我们依靠学校主体自身的推动力量,从打造学校自身个性化的文化性格着手,深入挖掘学校文化的历史渊源和地域特色,寻找文化立足点并建立协调机制以协调学校文化各部分之间的关系。通过激发学校内部的文化创造力和凝聚力,推动学校文化的持续发展和创新。

二、学校文化生态体系建构

已有相关的学校文化研究与学校文化生态研究提供了有益的分析框架,本研究受

[①] 刘长海《学校文化传统与学习型组织的冲突及其化解——学校文化的反思与重建》,《教育科学研究》2008年第7期,第37—40页,第44页。

益于生态学视角与学校文化视角的结合,综合二者充分吸收已有研究成果,尝试克服文化生态研究中重视理论而忽视实际、因素分析割裂等问题,从文化价值引领角度,结合方泰小学的金石文化发展、学校建设可持续的成功经验,构建了学校文化生态体系分析框架。

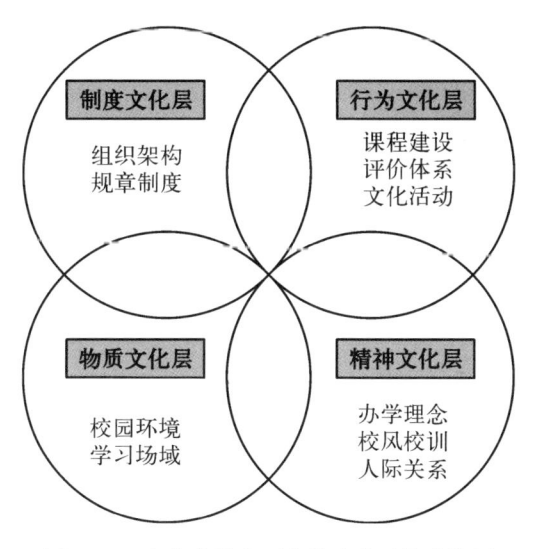

图 3-2 方泰小学金石文化生态系统建构图

制度文化层：组织架构、规章制度
行为文化层：课程建设、评价体系、文化活动
物质文化层：校园环境、学习场域
精神文化层：办学理念、校风校训、人际关系

方泰小学的学校文化生态体系主要涵盖四个主要层面：物质文化层、精神文化层、行为文化层、制度文化层,在每个子系统下又包含具体的文化要素,这些要素相互作用,共同支撑起学校的整体文化生态。

物质文化层包括"校园环境"和"学习场域"两个要素。校园环境指的是学校的物理空间、建筑结构及自然环境,它为学校的文化氛围营造提供了物质支持和情感共鸣,是学校文化氛围的承载体。学习场域则涉及学校提供的各类学习资源、设施设备,以及为学生精心打造的学习空间,如图书馆、实验室、运动场、跨学科空间等,它们为学生的学习和教师的教学提供了必要的硬件支持,保障了教育活动的顺利进行。

精神文化层包括"办学理念""校风校训"和"人际关系"三个要素。"办学理念"是学校建立的基石和纲领,体现了学校的教育思想。它是学校精神文化建设的关键和支撑,起到引领的作用。"校风校训"则是学校长期积淀下来的文化特质和行为规范,它代表了学校的精神风貌和价值追求,潜移默化地影响着师生的行为模式与思维方式。"人际关系"则包括师生之间、教师之间、学生之间的互动和关系,它是学校文化生态中情感认同与合作精神的体现,直接影响学校的凝聚力。

行为文化层涵盖了"课程建设""评价体系"和"文化活动"三个要素。"课程建设"是指学校系统地规划、设计和实施课程的过程,它涉及确定课程的目标和内容,选择教学方法和资源,以及评估和改进课程。课程建设是为了确保教学活动能够有效地达到预期的教育目标,并满足学生的学习需求和期望。"评价体系"涉及学校内部的评价机制和标准,它直接影响教师的教学行为和学生的学习成效,反映了学校对教育质量的要求。"文化活动"包括学校组织的各类校园文化活动及学生参与的课外活动,它体现了学校精神文化与行为规范的结合,是学校文化活力与学生全面发展的重要途径。

制度文化层包括"组织架构"和"规章制度"两个要素。"组织架构"指的是学校内部的组织结构与管理体系,它为学校的运作提供了明确的规范与秩序,保障了学校各项工作的高效推进。"规章制度"则涉及学校设定的各种管理规范与行为准则,它们为学校的日常运作和教师、学生的行为提供了行为指南。

已有学者指出,有关学校文化生态、文化生态系统的研究仍未跳脱出割裂的要素逻辑,各类分析仍出于对学校构成要素"剥洋葱式"的层层拆解,实际上却将学校所涵盖的一切均纳入所谓"文化生态"范围,这种分析忽视了"文化生态"理论中文化与生态共同具有的整体性、关联性[①]。就方泰小学的学校文化建设经验来看,其成功经验正是立足于文化生态系统的整体性特征之上,而"金石文化"作为核心价值,则能够有机地贯通融入多个层面的各个方面,金石文化的多样性、丰富性是使得各个维度要素得以有机关联的"黏合剂",在日常学习评价、课内课外活动、家校学习生活等方面均有贯穿与体现,正是文化的整合力使得方泰小学的学校文化生态得以充满生机活力。

(一)以金石文化为核心价值促进实现文化贯通

学校深知文化的力量,尤其是在新时代背景下,如何将传统文化与现代教育理念相结合,成为学校发展的关键。金石文化,作为嘉定区乃至整个江南地区的重要文化

---

① 李红路、张闯胜《学校文化的反思与重建——一种基于方法论的视角》,《中国教育学刊》2015年第3期,第60—64页。

遗产,以其深厚的历史底蕴、人文内涵和独特的艺术魅力,成为学校文化建设的核心。学校明智地将金石文化置于学校微观系统的核心位置,不仅将其作为精神灯塔,引领各项工作的方向,还确保了学校各个组成要素在精神层面的高度共通与和谐。

主要包括——

1. 物质文化的营造:物质文化作为金石文化传承的重要载体,在校园内随处可见与金石相关的场景布置和学习场域。如学校设立了"金石文化长廊",展示了金石文化的历史演变与艺术成就,"金石篆刻工作室"则为学生提供了实践操作的平台。物质文化不仅仅是静态的展示空间,更通过其文化浸润作用,使师生在日常接触中潜移默化地吸收金石精神,形成文化自觉与价值认同。

2. 精神文化的浸润:学校的办学理念"立本生道",强调教育的本源和本质,坚持育人根本,遵循教育规律。学校秉承金石文化"刚柔并济"的特性,注重在校风校训、教风学风建设中融入金石精神,培养师生坚韧、至诚、大爱和智慧的金石品质。这种文化氛围不仅让师生在工作学习上有所突破,更在精神上获得滋养,形成了温馨和谐的校园人际关系。

3. 行为文化的培育:学校开发了丰富多样的金石课程,如"金石篆刻""金石鉴赏""金石文化史"等,让学生在学习中感受金石文化的魅力。同时,学校还建立了以金石品质为基准的评价体系,并策划了一系列寓教于乐的金石文化活动,如"金石文化节""金石研学行"等,让学生在实践中体验文化的魅力。

4. 制度文化的构建:学校修订和完善各项规章制度,使其既具备科学合理性,又具有文化内涵。在制度执行中,既强调制度的刚性约束,又重视人文关怀,确保制度的有效执行与文化的内化。

(二)以金石文化为核心理念有机整合各类实践

学校进一步以金石文化为核心理念,巧妙地将各类实践活动有机整合,充分利用文化自身的整合包容性、沟通交互性和持久弥散性等独特优势,从静态与动态两个维度,成功地将教学实践、学生活动、文化打造等多个环节紧密相连,以文化的创新发展推动学校建设的可持续发展。包含静态和动态两个方面——

1. 静态关系的构建:在静态关系的构建中,四种文化层的交融为学校金石文化的落地和实践提供了基础性支撑。

首先，物质文化是制度与行为的具象化表现，是推动文化实践的重要物质基础，为营造文化氛围提供了物理空间支持和硬件保障，进一步巩固了金石文化的实体基础。

其次，制度文化作为行为与物质的框架，确立了文化建设的规范性与指引性。学校通过制定完善的管理制度，确保文化活动与教学实践有序开展，同时为教师与学生提供清晰的行为指引。

再次，行为文化是静态关系中的核心体现，指的是在制度与物质文化的支持下，师生如何在实际操作中诠释和传承金石文化。学校通过定期组织金石文化活动、进行金石文化浸润等，使得金石文化不仅体现在设施和制度层面，更通过师生的行为和互动得以落实。教师引导学生通过亲身实践，感知金石文化的深厚内涵，学生通过自身的实践活动，逐步积累文化体验，形成认同感与价值观。

最后，精神文化在静态关系的构建中起到的是灵魂性引领的作用。通过金石文化管理制度和行为文化的规范，学校逐步为精神文化的培育提供了深厚的土壤。在这一过程中，精神文化并非单纯地附加在物质与行为上，而是通过制度和物质的支撑体系，深植在师生的日常行为中，成为推动文化传承与创新的内在动力。金石文化的精神不仅体现在书法篆刻艺术等外在形式中，更通过师生的文化认同、情感共鸣与价值共识得以升华，形成了学校文化的核心力量。

2. 动态关系的演进：从动态关系的演进角度来看，四种文化层的互动和发展推动了金石文化在学校的创新与持续发展。

在这一过程中，行为文化的不断演进推动了制度与物质层面的持续优化与创新。学校鼓励师生在实践中不断发现问题并解决问题，教师和学生通过反馈机制推动制度设计的改进，保证学校文化始终与时代发展需求相契合。行为文化的不断深化，要求学校在管理上进行灵活性调整，制度文化的演变也需要随着师生的需求而动态变化。学校通过引入数字技术、优化管理流程等方式，不断提升文化管理效率，确保金石文化在教学与实践中的可持续性。

物质文化的持续发展推动了学校文化环境的优化。随着教育设施的更新、学习环境的改善，学校为师生提供了更为丰富的文化实践资源，使得金石文化能够不断突破现有的局限，开辟新的发展空间。学校通过引进更加先进的教学设施、举办多元化的金石文化活动，推动学生在创新思维和实践能力方面的深化与拓展。

制度文化的演进则进一步推动了管理与教学的灵活性。通过制度创新,不断完善管理机制,增强组织活力,使得学校能够在不断变化的教育环境中保持文化的活力与可塑性。特别是在反馈机制的建立和优化上,制度文化为学校的灵活管理提供了保障,同时也激发了教师和学生在金石文化实践中的积极性与创造力。

精神文化的培育与传承,则成为学校文化体系自我更新与发展的内在驱动力。在不断推进金石文化的过程中,学校通过激发师生的创新思维、培养他们的文化认同感,不断推动精神文化在学校中的深度植入。通过动态演进,金石文化的精神逐渐成为学校师生的共同价值追求与文化核心,促进了学校文化生态的持续向好发展。

(三) 以金石文化为核心思想助力实现"三全育人"

学校致力于以金石文化为核心思想,全面推动"三全育人"目标的实现。通过文化的思想引领,将"立德树人"的教育理念与价值追求,深深融入教与学的每一个环节,以及学校与家庭的每一个角落,形成了全方位、全过程、全员参与的育人模式。"三全育人"关注方面如下——

1. 行为文化的直接作用:行为文化直接作用于学生的成长与发展。学校通过精心设计的教学活动、丰富多彩的课外实践以及科学有序的评价体系,直接对学生产生积极影响。

2. 制度文化的间接影响:制度文化构成了学校运行与师生行为的规范框架,以教师群体为核心,通过师生间的互动交往,间接影响学生的价值观与行为习惯,同时通过家校共育等方式,将金石文化融入家庭之中。

3. 物质文化的深远影响:物质文化以其润物无声的方式,潜移默化地影响着师生的心灵与行为。学校为学生营造了一个沉浸式的文化学习环境,不仅为学生提供了实践探索的平台,更让他们在潜移默化中感受到金石文化的魅力。

4. 精神文化的引领作用:通过金石文化中蕴含的坚韧不拔、传承创新等核心精神,鼓励学生在日常学习与实践中形成正确的价值观与积极向上的人生追求。在金石篆刻、文化鉴赏等课程中,学生不仅掌握了传统技艺,更在潜移默化中培养了文化自信与道德素养。精神文化通过师生间的互动与文化活动的开展,深深融入学校的各项教育环节,推动了集体主义精神与社会责任感的强化。它不仅提升了学生的文化认同,也促进了师生共同追求优秀文化价值的实践,进一步推动了学校在全面素质教育方面的协调发展。精神文化的引领作用,使学校教育不仅关注知识的传授,更注重学生的思想引导与人格塑造。

综上所述,方泰小学以金石文化为核心,通过文化贯通、实践整合与"三全育人"三大策略,构建了一个充满活力与创新的教育生态。在这一生态中,金石文化不仅成为学校发展的灵魂与支柱,更成为师生共同的精神家园。未来,学校将继续深化金石文化建设,为培养具有传统文化底蕴与现代创新能力的优秀人才贡献力量。

附:精神文化建设案例

金石精神伴我行

当我在母校方泰小学就读五年级的时候,学校就开设了一门篆刻课程,作为第一届接触篆刻的学生,一开始我只将篆刻视作为美术课的延伸。但是,在真正爱上刻刀以后,我发现篆刻比美术更有趣。虽然当时刚开始我只能学习刻线条,不能刻属于自己的作品,但是对于篆刻我还是抱有着极大的热情。但是,短短的五年级很快就过去了,我也升上了初中,暂时放下了刻刀,但对于篆刻的喜爱一直留在我的心中。

在当时的我看来,篆刻是一门艺术,是一门需要动手的学科,它相较于语文、数学等主课更加有趣,学习篆刻可以帮助我锻炼动手能力。但也仅限于此。我没有更加深入地去了解篆刻,它只在我的心头留下了浅浅的一道痕迹。

没想到,十几年后的今天,我又回到了方泰小学,但这时的我已不再是一名学生,而是成为方泰小学的一名教师。看着崭新的教学楼中随处可见的篆刻的影子,我对于篆刻的喜爱又涌上心头。当其他的新教师对篆刻感到新奇,对小学中的小朋友能够刻出这么精彩的作品感到不可思议时,我的内心也充满了自豪,我会对他们说,在我五年级的时候,我已经捏起了刻刀,有了自己的作品。

要知道,在我小学毕业离开母校的时候,方泰小学对于篆刻的学习还只是处在一个萌芽的阶段。没想到,只是短短的十几年后,方泰小学已经将篆刻文化融入了校园,形成了独特的金石文化。

学校对于我们新教师的基本功十分重视,开展了针对我们新教师的职初培训。对我们的三笔字、篆刻等进行教学,这也给了我一个重新捏起刻刀的机会。在多次培训的过程中,我也进行了创作,拥有了多个属于自己的篆刻作品。

每周三的下午,就是我们职初教师的培训时间。正是在这个时候,我可以拿起我心爱的刻刀,在一块块漂亮的石头上刻出属于我自己的作品。可能是因为在儿时有一定的基础,所以在刻作品的时候,我感觉得心应手。对比小时候的篆刻经历,我感觉现在的我能够更好地掌握刻刀,刻出自己心仪的作品。

经过了一段时间的篆刻学习,我对于篆刻有了不同的理解。篆刻家,在更高层次上也被称为金石家。这是因为篆刻所使用的文字大多源自青铜钟鼎彝器上的铭文,以及石刻碑碣上的文字。明代印学大家朱简在《印经》中曾指出:"碑鼓所遗,鼎彝所识,惟金石是则。"这意味着篆刻最初是以金石文字为基础,金石因此成为篆刻的代名词或别称。随着时间的推移,这一概念逐渐演化为一种独特的金石精神。这种精神不仅包含了坚韧不拔、砥砺意志的品质,还蕴藏着无坚不摧的力量。最著名的例证便是《荀子·劝学》中的名句:"锲而不舍,金石可镂。"金石与刻刀的相互作用,象征着天人合一、物我相应的哲学思想,进而塑造了中国特有的民族精神范式——金石精神。本校金石精神是"坚韧、至诚、智慧、大爱",这八个字不仅是篆刻的精神,也是我作为一名教师应有的精神。

篆刻,是刀与石的摩擦而产生的艺术。篆刻是我们用手中的尖刀在顽石上雕刻,经过长时间一点一滴地改变石头,将其变为一件艺术品。这个过程是寂寞的,也是辛苦的,对于没有接触过篆刻的人来说,长时间捏住刻刀一点一点地雕刻,这个过程不仅乏味,到后来手都会发软、发抖、使不上力。只有拥有这种坚韧不拔的精神,才能够刻出一个好的作品。

当老师难道不也是这样吗?我执教的是一年级学生,他们中大部分孩子的心智能力和身体协调能力都没有发育完全。在我校有许许多多的外来务工随迁子女,他们来自五湖四海,基础参差不齐。这对于老师来说是一大挑战。当一个老师反复地教导孩子知识,却没有成效时;当家长无法配合老师工作,孩子在家的预习复习作业都不能得到保障时;当老师苦口婆心地告诉孩子学习的重要性,但是孩子置之不理时,我相信很多人都会选择放弃。但是,老师不可以。每个孩子的人生都只有一次,老师要对孩子的一生负责。绝大多数人,走到最后的十里路就泄气了,就停下来了,而真正成功的人会坚持走完最后的十里路。老师必须坚韧,这样才能对所有的孩子负责。

打造一枚好的印章,除了千锤百炼的技艺,似乎更需要艺术天赋。篆刻这门艺术,往往与书画联系密切,甚至不可分离。但是,较之书画而言,篆刻更加考验作者的技艺。篆刻是石匠之体力活与书画家之艺术活的双重结合。做篆刻,唯有至诚。而教师对学生,同样需要至诚。

篆刻的载体有很多,不仅可以刻在石头上,金器、玉石、牙、角等也都可以雕刻。篆刻的内容也是多样的,不仅是名字,画也可以刻。这不正是篆刻大爱的表现吗?教师的教学目标,就是让每一个学生获得不同的发展,让每个孩子都能健康成长,教师对学生的爱是无私的、崇高的、伟大的。

"坚韧、至诚、智慧、大爱"这八个字是金石精神的缩影,也是我们老师的价值追求。我将带领我的学生走进篆刻的领域,带他们领略篆刻的美,培育学生的金石品质,引领他们走向成功。

篆刻是汉字特有的艺术形式,是我们中华民族文化的缩影。方泰小学开设篆刻这一门课程,就是为了将篆刻这一艺术和它的精神传播给孩子,让更多人去了解篆刻、学习篆刻,将传统艺术传承下去。一把刻刀,一枚印石,方寸之间纳宇宙,金石之中趣无穷。

(本案例由方泰小学教师提供)

第四章

金石华彩："金石文化"实践过程与实施特色

第一节　物质文化：发挥金石文化的载体支撑作用
第二节　精神文化：发挥金石文化的价值引领作用
第三节　行为文化：发挥金石文化的行动支持作用
第四节　制度文化：发挥金石文化的综合保障作用

二十年来，方泰小学的金石文化建设不断生根发芽、蓬勃发展，文化立校、文化育人的基本格局在一辈又一辈的教师努力、一届又一届的学生成长之中逐渐定型，可以说理解了学校的金石文化育人样态，就能较好地把握文化建设促进学校可持续发展的经验要义。总体来看，方泰小学在多年实践与成就取得中，已成体系地形成了面向全面发展的文化育人样态，物质文化、精神文化、制度文化、行为文化四位一体的文化育人样态，较为完整地落实了"三全育人"原则，真正实现了从学校特色项目的建设走向学校文化品牌的创建。

第一节　物质文化：发挥金石文化的载体支撑作用

文化依托于特定的物质形态得以存在，无论是何种文化都一定程度建立在具体的、实践的、可见的客观世界的物质之上，而物质本身的形态又具有一定的文化表征，从而影响到人们对蕴含其中的文化的理解，可以说物质与文化之间的辩证存在，是文化得以延续传承、创新发展的重要依托。在面向育人的实践样态中，方泰小学重视学校金石文化相关的物质层面的建设，在长期实践与不断建设中打造出了具有人文底蕴的物质文化形态。

一、建设校园"金石十景"

通过对校园环境全方位的打造，采取有形和无形相结合。有形的方面是将反映金石文化的表述、标识等体现在校园环境的不同部位；无形的方面则是通过学校空间设计、利用、改进，映衬金石文化的含义，使师生在空间使用中体悟其文化蕴涵。学校将环境建设作为隐性课程直接参与到教育教学活动中，将办学历史、人文底蕴与文化内涵一一彰显。倡导全体师生人人动手共建美丽家园，体现金石文化"心灵手巧"的行为特征。

在有形的文化建设方面，无论是教学楼的外墙、走廊的墙面，还是校园的绿地、休闲区，都可见到与金石相关的艺术装置或文字介绍，它们如同一幅幅生动的历史画卷，讲述着金石文化的源远流长与博大精深。特别是"金石大道"的建设,这条贯穿校园的主干道两旁,以金石艺术为主题,布置了一系列精美的雕塑和石刻,让师生在行走间就能感受到金石文化的独特魅力。同时,学校还装饰了"金石大厅",这里不仅是师生日常活动的重要场所,更是一个展示金石艺术精品、举办文化活动的绝佳平台。此外,学校还设计了以金石为灵感的吉祥物"小石头",它活泼可爱的形象深受师生喜爱,成为学校文化的又一亮点。

在无形的文化建设方面,学校更加注重空间的设计与利用,通过巧妙的布局与改进,让金石文化的含义在无形中得以体现。学校注重空间的开放性与互动性,使得师生在日常的学习与生活中,能够自然而然地体悟到金石文化的深厚底蕴。例如,通过对校园公共空间的合理规划,营造出一种既宁静致远又充满活力的学习氛围,让师生在享受美好环境的同时,也能感受到金石文化所蕴含的坚韧不拔、精益求精的精神品质。

学校系统打造的"金石十景"正是以此为理念,实现物质环境的全方位育人。金石十景主要包括:"立本生道"办学理念篆刻墙、"点石成金 大美无言"校训章雕塑、金石大道、金石大厅、金石长廊、"社会主义核心价值观"主题篆刻、"二十四节气"主题篆刻、吉祥物"小石头"、年度关键词篆刻、金石苑。具体从"金石十景"的内容来划分,是对校园环境物质文化的进一步精细划分,厘清不同物质文化对环境的有差异又相互关联的影响。包括承载学校特色的办学精神篆刻、发挥浸润育人作用的校园环境篆刻、彰显师生创意的创新创造篆刻、汇聚文化精髓的金石篆刻场馆。

(一)办学精神篆刻

1. "立本生道"办学理念篆刻墙。方泰小学的办学理念是"立本生道",以金色的小篆铭刻于学校大厅,时刻提醒师生注重根本、立德树人,紧紧契合金石精神严格要求自己。这一布置强调教育的根本在于立德树人,鼓励师生在追求知识的同时,不忘回归教育的初心,努力探寻教育的规律。无论时代如何变迁,紧抓教育的根本,秉承金石般坚韧不拔的精神,自我磨砺,追求卓越,是学校不变的坚持与追求。

2. "点石成金 大美无言"校训章雕塑。2019年中共中央政治局原常委、国务院原副总理李岚清同志亲自为学校篆刻校训章——"点石成金 大美无言"赠予学校。方正有力、独具神韵的篆刻不仅是学校师生激励自己的标志,同时也代表着国家对学校长期以来坚持文化传承与创新,将金石文化精髓融入现代教育体系,培养出既有深厚文化底蕴又具备创新创造精神人才的充分肯定与赞誉。

图 4-1 "金石十景"之办学理念篆刻墙　　图 4-2 "金石十景"之校训印章雕塑

(二) 校园环境篆刻

1. 金石大道。金石大道连接学校入口与教学楼,路面精心镌刻着与金石文化紧密相连的中华优秀传统文化元素,如古代青铜器铭文、经典碑刻片段、积极向上的成语典故等,每一笔一画都透露出金石特有的刚劲与韵味。每当师生们漫步在这条大道上,脚下踩着的不仅是坚实的路面,更是数千年来中华民族智慧与精神的积淀,金石笔触的每一次触碰都仿佛在提醒着每一个人,要发扬金石般坚韧不拔、精益求精的品格,不断追求卓越。

2. 金石大厅。作为学校内部的一个标志性空间,金石大厅在设计上巧妙地将金石艺术融入现代建筑之中。大厅的墙体与屋顶,不再是单调的涂料或瓷砖,而是被赋予了生命与故事的金石印章与篆书文字。这些印章与文字或古朴典雅,或苍劲有力,它们不仅仅是装饰,更是金石文化的生动展现。课余时间,师生们常聚于此,或驻足欣赏,或轻声讨论,金石文化的气息悄然渗透进每个人的心田,激发了大家对传统文化的热爱与探索。

3. 金石长廊。金石长廊位于教学楼内,是环境协同育人的有机组成,发挥着"第二课堂"的重要作用。长廊的设计紧密围绕学校篆刻课程与"大美金石"综合课程的内容,精心挑选了一批在金石领域具有卓越成就与广泛影响力的专家、学者的篆刻作品。这些作品按照历史发展的脉络,结合每位金石家的地位与贡献,被巧妙地分板块展示,既展现了金石艺术的悠久历史与辉煌成就,又体现了其在不同历史时期的发展与变化。师生们可以随时来此,近距离观赏这些珍贵的篆刻范例,从中汲取灵感,学习金石篆刻的技艺与精神,让金石文化的精髓在校园内薪火相传,生生不息。

图4-3 "金石十景"之金石大厅、金石大道、金石长廊一览

(三) 创新创造篆刻

1. "社会主义核心价值观"主题篆刻。在教师的悉心指导下,学生们巧妙地将篆刻这一传统技艺与当代社会的社会主义核心价值观相结合,精心镌刻出一枚枚蕴含深意、别具一格的印章,不仅字形端正、线条流畅,更蕴含着师生们对于国家繁荣富强、社会和谐进步的美好愿景。当这些凝聚着师生共同心血的印章在校园楼宇间展出时,它们不仅成为一道亮丽的风景线,更是师生们对祖国深情厚谊的生动表达,每一枚印章背后都跳跃着炽热的家国情怀,彰显了师生们积极融入社会、以青春之名书写时代华章的壮志豪情。

2. "二十四节气"主题篆刻。二十四节气,作为中华民族世代相传的智慧结晶,不仅承载着深厚的农业传统,更蕴含着丰富的地理知识与人文情怀。学生在篆刻实践中,通过亲手篆刻节气印章,不仅加深了对我国传统农耕文化的理解与认同,还增长了相关地理与人文知识,感受到了自然界的韵律与生命的力量。随着四季的更迭,学子们在金石文化的滋养下,如同万物生长般不断茁壮成长,他们的心灵与智慧在这一过程中得到了充分的滋养与升华。

图4-4 "金石十景"之"社会主义核心价值观""二十四节气"主题篆刻

3. 吉祥物"小石头"。"小石头"是学校师生自主设计的校园吉祥物,以其独特的形象和深刻的寓意赢得了大家的喜爱。"小石头"胸佩校徽,身着鲜艳的红色服装,象征着其作为学校一员的骄傲与自豪;胸前的小篆"石"字,则是对金石文化的一种致敬与传承。它真诚热烈、积极昂扬的气质,不仅成为学生学习的榜样,更是大家乐观向上、积极进取精神的生动写照,激励着每一位学子在金石文化的浸润下不断前行。

4. 年度关键词篆刻。每年，学校都会根据师生的学习状况、学校的发展动态，邀请师生共同参与设计、评选出当年的年度关键词，并通过篆刻的形式将其镌刻在校园显眼位置。以2022年为例，学校以"欣"字作为年度关键词，设计了"欣欣向荣"的关键词展台，这一设计不仅生动展现了师生们积极向上、充满活力的精神风貌，也寓意着学校正处于蓬勃发展、欣欣向荣的美好时期。这些年度关键词，不仅是对过去一年学校发展的总结与回顾，更是对未来无限可能的期许与展望。

(四) 金石篆刻场馆

场馆主要是指"金石苑"校博物馆。这一展馆集展示、教学、互动为一体，将办学历史、人文底蕴与文化内涵一一彰显，不但具有深刻寓意，还包含强大的育人功能。学生、教师乃至家长、社会人士，均可于此感受学校在百年风雨中的成长发展，感受金石文化浸润下的建设成就等。展馆不仅是学校金石文化的集中展现，而且是树立师生家校归属感和认同感的重要依托。

图4-5 "金石十景"之"小石头"吉祥物、年度关键词雕塑

门上牌匾"金石苑"三个字是由著名书法家王伟平先生亲自书写的，刚劲的笔力显示出书法家深厚的功底。室内，存放着毕业生创作的姓名章长卷，每年，学校的五年级毕业生都会亲手篆刻自己的姓名章，并印在长卷上保存留念，这也是他们留给母校最珍贵的纪念。展台里，摆放的是杰出校友捐赠的资料，有他们当年的毕业证书、奖状，这些资料虽已泛黄，却真实记录了方泰小学百余年的历史，弥足珍贵。展柜中，一枚枚篆刻印章，一幅幅篆刻作品，供广大师生参观学习。著名篆刻艺术家钱君匋先生的孙

图 4-6 "金石十景"之金石苑

女特地向学校捐赠了钱老精心创作的印谱,成为金石苑的镇馆之宝。在知识墙上,可以了解印章的起源、名称、材质,篆刻的刀法、步骤、字书以及历代篆刻家的优秀作品。在金石苑的学习区域内,学生通过微课、微视频的方式学习篆刻知识技能,和小伙伴一起在这里尽情学习、交流、展示,体验篆刻学习的成功与快乐。作品展示区展示着历年来师生的书画、篆刻作品,虽然笔法、刀法还有些稚嫩,但其中的才华已有显露,能在这里展出自己的作品,是师生最为得意的事。

除了作为一处匠心独运、引人入胜的景观之外,"金石苑"还蕴藏着极其强大且深远的育人功能,它如同一座知识的宝库,静静地矗立于校园之中,等待着每一位求知者的探索与发掘。对于学校教育而言,金石苑校博物馆不仅是一个提供珍贵实物、拓宽学生视野的宝贵场所,更成为继传统课堂之外的"第二课堂",为学生们提供了一个实践学习、深化理解的广阔舞台。在这里,学生可以接受到生动有趣的知识辅导,获取到丰富多样的学习资料,使得他们的学习之路更加丰富多彩,充满探索的乐趣。更为重要的是,金石苑校博物馆还承担着实施德育、智育、美育的重要使命。它如同一座桥梁,连接着过去与现在,传统与现代,通过一系列精心策划的活动和展览,将那些原本可能显得

"冷冰冰"的知识点转化为生动有趣、易于理解的故事和体验,让学生在轻松愉快的氛围中接受文化的熏陶,感受知识的魅力。这些活动不仅让博物馆变得既可敬又可亲,更在无形中为学生和教师提供了丰富多彩的文化生活,让他们的精神世界得以充实和升华。

具体而言,"金石苑"校博物馆主要承载着三大功能:记述具有嘉定地方特色的金石历史,让学生们在探寻历史足迹的过程中,深刻感受到传统文化的魅力;记述方泰小学百年变迁的历史,通过回顾学校的发展历程,激发学生对母校的热爱和归属感;记述学校金石文化的发展历史,让学生更加深入地了解学校文化的内涵和精髓,从而更加珍视和传承这份宝贵的文化遗产。这三大功能综合发力,共同起到了全面育人的效果。

二、金石实践场域搭建

以学校建设的"金石工坊"跨学科综合学习空间(以下简称"金石工坊")为例,"金石工坊"基于"金石篆刻"特色,立足艺术学科,融合道德与法治、语文、数学、信息科技、劳动、科学等学科,借助数字技术,开展跨学科项目化学习,注重培养学生在真实情境中综合运用知识解决问题的能力。

(一)空间特色

"金石工坊"使用面积 243 平方米,呈现出古朴的传统文化氛围与多学科知识要素、现代数字技术相融合的整体风格,分为传统金石体验区、数字金石创作区、金石文化展示区、自主学习研讨区等多个功能区域(详见表 4-1),可根据跨学科学习的不同需求灵活变换空间布局,拥有篆刻、拓印、印泥制作所需的原料工具等各类学习材料,配备数字彩绘机、3D 打印机、激光雕刻机、自动雕刻机、热转印机、自动刺绣机、希沃电子屏、电脑等多种数字化设备,以及学习成果的陈列展示设施。在"金石工坊"中,学生可以像金石篆刻艺术家一样自由创作,像现代工匠一样用心智造。

表 4-1 "金石工坊"跨学科学习空间功能区域一览表

功能区域	应 用 场 景
传统金石体验区	配备篆刻、拓印、印泥制作的各类工具与材料,用以学生展示学习传统的篆刻、拓印、印泥制作等非物质文化技艺,并能制作相关工艺作品。

续表

功能区域	应用场景
数字金石创作区	配备工作台、各类绘图绘画工具、笔记本电脑、平板电脑及相关设计软件,以及数字彩绘机、3D打印机、激光雕刻机、自动雕刻机、热转印机、自动刺绣机等数字化设备,支持学生将创意走向实现,设计和制作各类金石文创产品。
金石文化展示区	通过常设版面和实物,介绍金石篆刻的发展史、印石的种类及产地、知名篆刻家的生平、历代优秀印章;同时也是集中呈现学生的学习成果的空间。
自主学习研讨区	配备金石专业书籍,及电脑、桌椅、希沃电子屏等设施,供学生自主学习、小组讨论、设计创作,同时也是教师教研和个性辅导的场所。

图4-7 数字金石创作区

图4-8 传统金石体验区

图4-9 金石文化展示区

图4-10 自主学习研讨区

(二) 教育教学功能用途

"金石工坊"全方位支持学生在其中启智学习,乐享创造,趣玩"金石",开启大美童年。

1. 构建与空间协同发展的课程样态。

"金石工坊"基于金石篆刻课程设计与实施的需求进行建设。金石篆刻课程,以综合性、创造性的艺术实践活动为组织形式,开展基于项目的跨学科学习,从金石篆刻的不同领域——"人文内涵与品格修养"(德)、"技术应用与创新创造"(智)、"实地考察与自然探秘"(体)、"美学意蕴与历史传承"(美)、"印泥制作与印石研磨"(劳)等切入,开发课程内容,融入创新元素。例如,深入挖掘金石篆刻中的劳动元素,将印泥制作、印石研磨等劳动内容融入其中,形成学校劳动特色项目,学生通过研磨朱砂、提炼蓖麻油、揉搓艾绒、调配色浆、加绒揉团,亲手配置金石印泥。

学习空间的升级与课程的优化同频共振,相互促进。随着课程内容的延伸拓展、课程实施方式的逐步多元,学生创意的不断迸发,"金石工坊"也在持续升级迭代。

2. 创设强调解决真问题的学习情境。

学生在"金石工坊"开展各种富有探索性、启发性的基于真实问题设计的跨学科学习任务,学生在这样的学习情境中充分体验、合作、表达、探究、创造,实现知行合一,跨学科思维得到有效拓展。如为了探索"古老的金石篆刻在现代社会还能发挥什么作用"这个问题,学生借助空间中的学习材料与工具,通过篆刻作品创意装裱、新材料印章尝试、金石文设计制作等学习实践,从材料、技法、文创等不同角度展现金石篆刻的美学意蕴和实用价值,增加文化理解,在主动地感知、发现、理解、创造的过程中形成创新能力、问题解决能力,提升核心素养。

图 4-11　学生镌刻主题印章　　图 4-12　学生用自动刺绣机制作文创

3. 打造呈现多元化应用的空间布局。

"金石工坊"的建设从学生视角出发，打破学科边界，实现了灵活布局，功能复合，可以自由地变换应用场景，满足学生个性化学习的需求，为学生提供自主学习、实践探索的空间保障。"金石工坊"的布置饱含古朴之美、金石之趣，学生在"金石文化展示区"探索各领域的知识，在"自主学习研讨区"研究分析、合作讨论，在"传统金石体验区"体验印泥制作、金石拓印和金石篆刻，在"数字金石创作区"设计与制作各类金石文创产品，形成各类学习成果。当组织"金石文化宣讲会""金石文创义卖会"等活动时，"金石工坊"则整体转换为"博览馆"，四个区域整体联通，为学生充分展现跨学科学习成果，为师生自由参观提供更为广阔的空间。同时，将"金石工坊"的学习互动功能向外延伸，融入校园环境建设，如布置篆字互动文化墙、在各层楼面长廊展览学生个性化的学习成果，打造"金石十景"等，让学生在校园中充分自主学习，接受文化浸润。

4. 营造高效互动的数字化学习环境。

学校积极探索新技术背景下学习方式的变革，"金石工坊"为学生提供各类数字化设备作为学习工具，将金石篆刻课程的学习场景与数字化设备应用有机融合，根据学生学习实践、创作智造的需求，挖掘和开发数字化设备的各种应用功能，营造高效互动的数字化学习环境，帮助学生拓宽学习空间，学会合理利用学习资源，运用适合适宜的学习方法，自主、自由地开展跨学科学习。如学生结合自己的文化创意通过专业软件绘制设计图稿，借助"金石工坊"中的数字喷绘机、激光雕刻机等各类数字设备制作出金石文创产品；再如学生通过电脑搜集知名篆刻家的生平信息和创作风格，尝试结合人工智能技术撰写篆刻家舞台剧剧本，用希沃大屏制作呈现舞台剧背景等。

（三）教育教学活动举例

以"金石文创产品设计制作"单元的教学活动为例，呈现"金石工坊"开展的跨学科综合学习活动。

1. 组织方式：以"如何让金石篆刻艺术走向大众生活"为驱动性问题开展跨学科项目化学习，以小组合作为主要组织方式，强调学习过程中的合作，让学生创造性地完成学习任务，将学习成果进行公开展示与共同分享，从中获取解决实际问题的能力。

在前期的学习中，学生经历了"文创产品鉴赏""寻文创再设计"两个单元的学习，对文创产品的概念以及设计理念和创意制作方式有了较为深入的学习。本单元聚焦

图 4-13 学生设计、制作、展示金石文创产品

艺术核心素养,结合实际生活情境,运用设计与工艺的知识、技能和思维方式,综合了多学科素养。在活动过程中,体验篆刻艺术与现代生活的完美结合,感受篆刻艺术的独特性以及创意表达的多元性,提升创新意识与能力,从而让学生在传承与创新中感受篆刻艺术精彩纷呈的生命力。

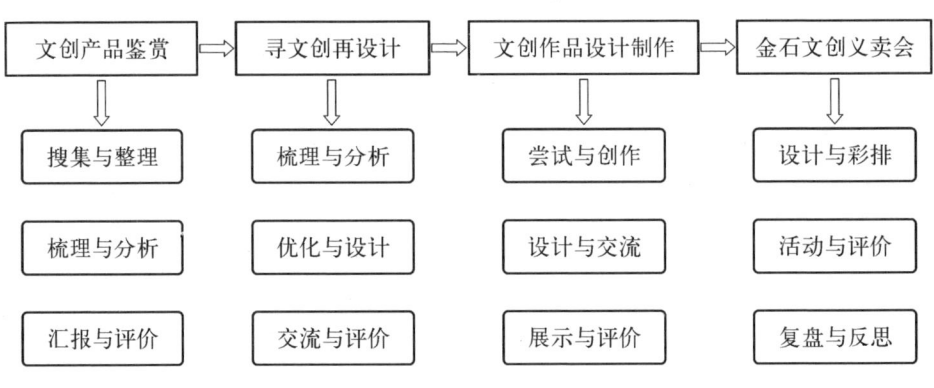

文创产品鉴赏	寻文创再设计	文创作品设计制作	金石文创义卖会
搜集与整理	梳理与分析	尝试与创作	设计与彩排
梳理与分析	优化与设计	设计与交流	活动与评价
汇报与评价	交流与评价	展示与评价	复盘与反思

图 4-14 "金石文创产品设计制作"单元教学结构图

2. 教学流程:在"金石文创产品设计制作"单元,应用跨学科学习活动的理念,在

"金石工坊"内各个区域,借助各类设备开展学习活动。在"传统金石体验区"查询篆字,设计印稿;在"自主学习研讨区"以及"金石文化展示区",开展探索、合作、交流、展示等活动;在"数字金石创作区"检索信息设计制作文创产品等。具体见课程学习流程图(图4-15)。

3. 应用成效:(1)立足真实情境,统整学习资源。本学习活动结合金石篆刻特色,从学生视角出发,引导学生综合运用多学科的知识实现自我创意表达,设计制作具有金石篆刻特色的文创用品,解决了真实问题,形成创意实践能力和审美感知能力,更好地传承中华优秀传统文化。(2)综合空间功能,促进学习实践。在校内"金石工坊"各区域板块内进行合理有效的布局,为与金石篆刻相关的学习活动营造出流畅便捷的动线学习空间,将区域功能一体化、最大化、有效化。学生可以在综合的学习空间内发散思维,呈现创意,展示成果。

(四) 思考与应用建议

1. 进一步凸显"以学生为中心"的建设理念。

跨学科学习空间的打造应以学生为中心,适应学生不断变化的学习需求。一是要创新建设思路。其实,学习空间建设包含教育学、建筑学、心理学、物理学、生物学等多个领域,同样也是一种跨学科项目,学校基于学生视角,以跨学科学习的思维,构建能够促进学生跨学科学习的空间。二是要打破空间的局限,巧妙规划校园环境建设。以"金石工坊"为中心,将学习空间外延拓展,在长廊、阳台、墙面、花园布置相关学习材料与工具,让学生能够在校园中随时随地开展跨学科学习,自由研讨、表达、创作、创造,让学生创意迸发。三是要引导学生投入"金石工坊"的优化设计和日常管理。如合理采纳学生对于空间布局和成果展示的创意,再如招募运营官、设计师、布展师、讲解员、宣传员等志愿岗位,实现学生对"金石工坊"的自主管理。同时举办更多表现学生创意的展览,给予学生展现自我的平台。让"金石工坊"更加多元、开放,让学生产生归属感和自我效能感。

2. 进一步以"数字化转型"赋能学生学习。

引入更多数字技术支持,打破空间与时间的限制,为学生的自主学习提供高效能支撑。如寻求文博场馆的专业支持,实现校家社资源的互通共连,学生可以在"金石工坊",以及家中浏览文博场馆的线上平台,可以与场馆专业人员研讨交流、表达创意。

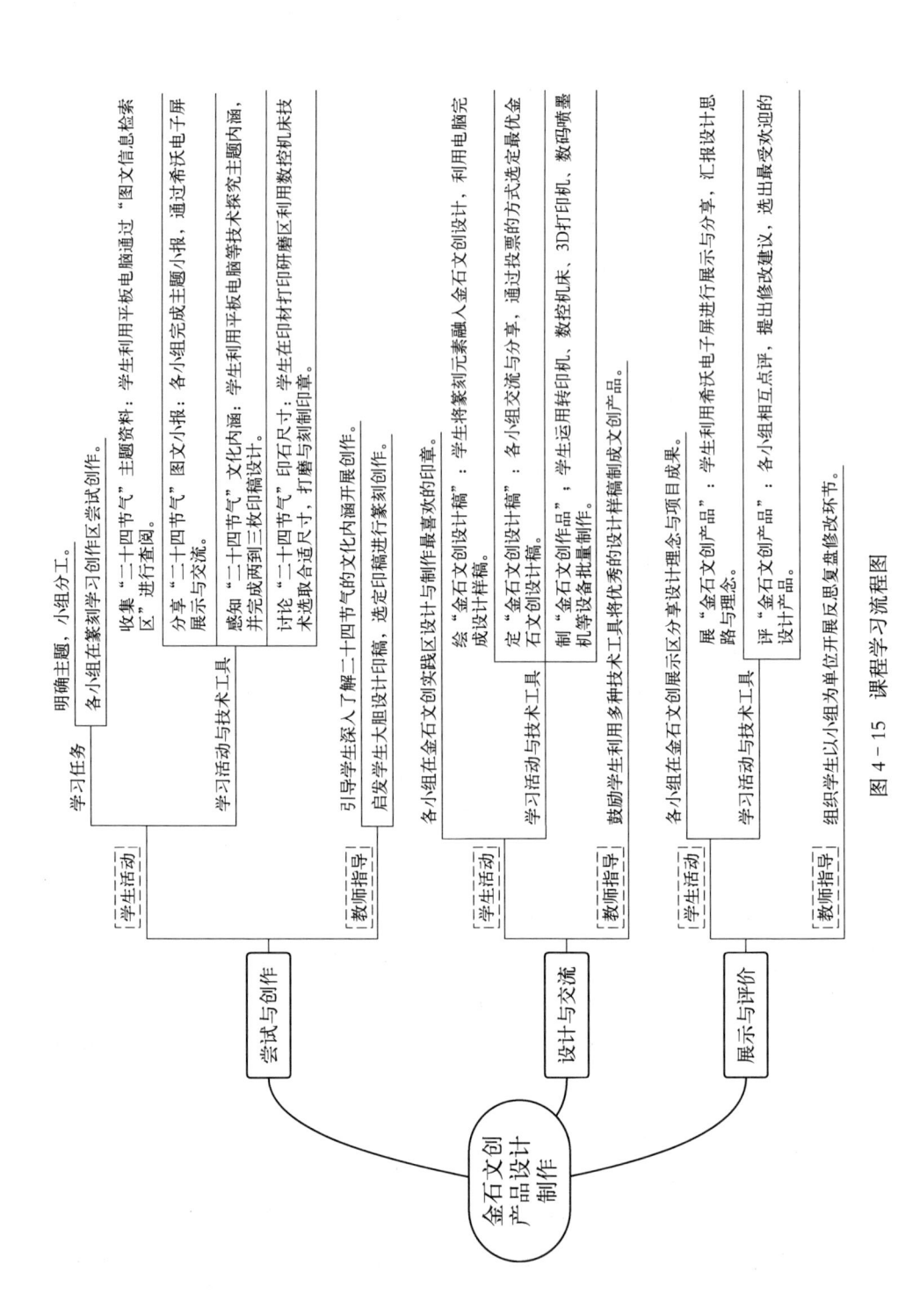

金石文创产品设计制作

尝试与创作

学生活动

- 学习任务：明确主题，小组分工。
- 学习活动与技术工具：各小组在篆刻学习创作区尝试创作。
  - 收集"二十四节气"主题资料：学生利用平板电脑通过"图文信息检索区"进行查阅。
  - 分享"二十四节气"图文小报：各小组完成主题小报，通过希沃电子屏展示与交流。
  - 感知"二十四节气"文化内涵：学生利用平板电脑等技术探究主题内涵，并完成两到三枚印稿设计。
  - 讨论"二十四节气"印稿尺寸：学生在印石材打印研磨区利用数控机床技术选取合适尺寸，打磨与刻制印章。

教师指导

- 引导学生深入了解二十四节气的文化内涵开展创作。
- 启发学生大胆设计印稿，选定印稿进行篆刻创作。

设计与交流

学生活动

- 学习活动与技术工具：各小组在金石文创实践区设计与制作最喜欢的印章。
  - 绘"金石文创"设计稿：学生将篆刻元素融入金石文创设计，利用电脑完成设计样稿。
  - 定"金石文创"设计稿：各小组交流与分享，通过投票的方式选定最优石文创设计稿。
  - 制"金石文创作品"：学生运用转印机、数控机床、3D打印机、数码喷墨机等设备批量制作。

教师指导

- 鼓励学生利用多种技术工具将优秀的设计样稿制成文创产品。

展示与评价

学生活动

- 学习活动与技术工具：各小组在金石文创展示分享区进行项目成果。
  - 展"金石文创产品"：学生利用希沃电子屏进行展示与分享，汇报设计思路与理念。
  - 评"金石文创产品"：各小组相互点评，提出修改建议，选出最受欢迎的设计产品。

教师指导

- 组织学生以小组为单位开展反思复盘修改环节。

图4-15 课程学习流程图

再如继续引入更多智能学习工具与设备,让更多的学生在"金石工坊"中能够将自我创意转化为可视化、产品化的学习成果。通过数字技术赋能学生的自主学习,激发学生学习的内驱力,让学生逐步形成适切的学习方式,学会合理高效地利用学习资源,助力学生面向未来,可持续发展。

第二节　精神文化：发挥金石文化的价值引领作用

精神文化作为学校文化的核心要素，体现了学校文化的根本特质与价值取向，是一所学校精神风貌的集中体现。具体而言，精神文化通过办学精神与人际关系得以具体展现，并渗透到校园生活的方方面面。在本书第三章中，对代表学校办学精神的办学理念、办学目标、校风校训、金石品质等精神内涵做了具体阐释，本节中，将从学校人际关系方面，重点围绕其中的教师团队文化建设，详细阐述如何将金石文化内化为教师群体共有的精神境界、思维方式、人格魅力和行为特征，塑造教师队伍的整体气质。

教师团队文化是学校人际关系的重要领域，是学校金石文化支撑发展、凝聚合力的重点环节。团队文化是指团队成员在相互合作的过程中，共同形成的行为准则、价值观和工作习惯，不仅是团队内部的精神支柱，也是推动团队持续发展的核心力量。

金石文化与团队文化之间的关系，体现了价值观的共享、精神追求的共鸣以及行动规范的统一。金石文化坚韧、至诚、大爱、智慧的核心价值，深刻影响着方泰小学的教师团队文化建设。团队文化不仅仅是一个组织内部的共同信念和行为规范，更是每个成员在工作和生活中所共同追求的精神内核。金石文化的核心理念与团队文化的内在要求在方泰小学得到了高度契合，也是学校评选"金石教师"的重要依据。所谓"金石教师"，不仅拥有对金石文化深刻的认知和专业素养，更重要的是具备金石文化所体现的意志坚韧、细致执着、追求卓越的精神力量。学校通过引导教师在教育教学中践行金石文化精神，不断提高教师的职业追求与职业技能，以"精雕细琢"的态度追求更高质量的教育成果，从而形成具备独特文化底蕴与高水平专业素养的教师团队，在"金石精神聚人心　师德师风筑师魂""锲而不舍立新功　金石教师谱新篇"等主题活动中铭心明志。

金石文化的坚韧精神为教师团队成员提供了面对挑战时的坚定信念。在教师团队文化的构建中，成员们常常需要经历压力与困境，而金石文化中"金石可镂"精神正好诠释了在这种压力下锲而不舍的追求。无论是教学实践中的不断探索，还是团队协作中的相互支持，坚韧的品格都为团队提供了持久发展的动力。

金石文化中的至诚精神，为教师团队文化注入了真诚待人的态度与真心协作的价值。诚实与真诚是任何高效团队合作的基础，只有在彼此信任的氛围中，团队成员才能充分发挥各自的优势，密切配合。金石文化强调的"精诚所至，金石为开"精神不仅适用于个体的修养，也适用于团队的建设。团队中的每一位成员都秉持着真诚的态度去解决问题、合作共事，从而形成了高效、和谐的工作环境。

金石文化强调了团队成员之间的互助与关爱。教师团队文化的发展离不开成员之间的团结协作与互相支持。金石文化中的"大爱"不仅仅体现在对他人的关心与支持，还体现了团队中成员之间深厚的情感纽带。在方泰小学，金石文化的影响使得每一位成员都以积极、互助的姿态面对挑战，推动团队的共同进步。"金石之交"的精神不仅仅在同事之间产生了深厚的友谊，也在师生之间形成了亲如一家、心手相连的氛围。

智慧，作为金石文化中的另一个核心价值，在团队文化中同样发挥着至关重要的作用。在教育实践中，学校的教师团队以金石文化中的"点石成金"作为精神指引，始终致力于教育教学的创新与突破。每个团队成员通过不断的学习与反思，提升自身的智慧与能力。团队成员不仅仅依赖于知识和技能，更依赖于思维的灵活性与创新性，促使团队在复杂的教育环境中找到更有效的解决方案，推动自身专业素养提升和学校发展。

方泰小学的文化建设贯穿着一个重要的思想——文化的根基与团队建设的紧密联系。金石文化所蕴含的核心价值，正是学校团队文化的精神源泉，它为学校的每一位成员提供了深刻的精神指引，帮助他们在工作与生活中不断追求卓越、不断超越自我。通过金石文化的传承与发扬，学校不仅实现了教育目标的跨越，更培养了具有责任感、使命感和创造力的团队成员，使得学校的教育事业在团队协作中展现出蓬勃的生机与活力。

一、教师团队建设

从实践上来看，方泰小学将金石文化的精神和价值内核融汇进教师队伍建设，建立了"一个成长机制"，从"五支队伍建设"入手，依托"三大工程""一个社团"，形成了一支道德素质高、综合实力强、持续成长快的教师队伍与师资建设思路。

一个成长机制,指的是三维立体式教师专业成长机制。学校构建并逐步完善涵盖"发展方式"(课例研究、专题探索、课题研究)、"发展途径"(个体、组员、研究员),以及"发展阶段"(初任教师、合格教师、优秀教师)的三维立体式教师专业成长机制,建立有计划的、长期性的教师专业成长行动方案,打通联动不同层面教师专业成长平台。实施教师"入格、升格、风格"三阶段培养体系,助力教师专业成长与教学能力提升。

第一阶段,"入格"培养——夯实基础,迈入专业发展轨道。针对新入职教师,重点围绕现代教育教学理念的理解与掌握,强化教学基本功训练。通过搭建多元化培养平台,构建教师专业成长的"学习空间""实践空间""展示空间"三维支持体系,确保新教师尽快适应教育教学工作,奠定职业发展基础。

第二阶段,"升格"培养——精准赋能,推动专业能力跃升。面向青年教师,通过"搭梯子、压担子"策略,提供观摩学习、挂职锻炼等实践机会,助力其快速成长。培养路径遵循"一年适应、二年胜任、三年形成特色、五年实现个性化发展"目标规划,引导青年教师在积累经验的基础上逐步形成个人教学风格,提升教育教学水平。

第三阶段:"风格"培养——深化塑造,打造卓越教学品牌。针对骨干教师,以师德建设为核心,结合新理念、新课程、新技术的深度研修,实施"一德三新"人才培养模式,构建骨干教师发展的空间,做到五有:有培养对象、有教研课题、有论文成果、有示范展示、有考核奖惩,充分发挥辐射引领作用。

五支队伍建设,是方泰小学以协同发展为核心探寻的"师资建设"之道。培养五支队伍主要包括:

1. 形成团结协作、乐于奉献、敏行善思的领导班子队伍。领导班子是学校发展的领航者,其素质与能力直接影响着学校的整体走向。学校注重选拔那些具备高度责任感、良好团队协作精神和敏锐洞察力的领导者,不断提升他们的专业素养和管理能力。同时,鼓励领导班子成员勇于担当、乐于奉献,以身作则,引领全校师生共同前行。

2. 培育学生喜欢、家长放心、社会满意的班主任队伍。学校持续开展职初班主任、青年班主任、全体班主任的分层培训,围绕"生命教育、班级管理、家庭教育、团队建设、心理辅导"等模块,提高班主任专业水平。

3. 建设有较高知名度和一定影响力的骨干教师队伍。通过搭建教学研究平台、提供国内外交流机会、设立专项基金支持等方式,为骨干教师创造更加广阔的发展空间。同时,鼓励骨干教师积极参与教育改革与创新实践,发挥示范引领作用,带动全校教师队伍整体素质的提升。

4. 打造专业素质过硬、特长突出的特色教师队伍。注重挖掘和培养具有个性化教学风格和有一技之长的教师,通过提供个性化发展支持,鼓励特色教师结合个人特长和学校发展需求,激发他们的创造力和创新精神,开发具有地方特色或学科特色的校本课程。

5. 激发积极向上、敢于创新的青年教师队伍活力。青年教师是学校未来的希望,学校高度关注青年教师的成长与发展,通过实施青年教师成长计划、建立导师制度等方式,为他们搭建快速成长的通道。同时,鼓励青年教师积极参与教育教学改革与创新实践,勇于挑战自我、突破常规,为学校发展注入新的活力与动力。

三大工程,分别指的是"试金石"计划、"金石讲坛"阵地、"点金课堂"项目,是学校在办学育人实践中积累起来的成功经验。三大工程穿插在教师成长发展的各个阶段,为教师培育育人情怀、提升专业能力提供了坚实支撑。

"试金石"计划是一项深度依托于教师团队协作与互动,旨在全面提升教师队伍整体素质的综合性提升方案。该计划精心构建了一系列策略,以多维度、多层次的方式推动教师群体的专业发展。其中,"目标激励策略"通过设定明确、可达成的职业发展目标,激发教师内在动力,引导他们积极投身于专业成长之中;"分层递进策略"则依据教师的不同发展阶段和能力水平,设计个性化的培养路径,确保每位教师都能在适合自己的层次上获得稳步前进;"结对帮教策略"鼓励资深教师与青年教师结成师徒关系,通过一对一的指导与交流,实现教学经验和教育智慧的传承与共享;"表彰奖励策略"通过定期评选优秀教学成果、表彰先进教师个人及团队,营造积极向上的工作氛围,增强教师的职业荣誉感和归属感;"活动推进策略"则通过组织丰富多样的教学研讨、技能培训、经验分享等活动,为教师提供展示自我、相互学习的平台,有效促进了教师群体之间的深度沟通交流、宝贵经验的高效传递以及教学能力的显著提升。

"金石讲坛"阵地是教师个人的教育理念、教育经验分享的舞台,分设"赏识讲坛""爱生讲坛""故事讲坛""人文讲坛"等。在讲坛上,教师或谈感悟,或讲故事,或议反思,或说心得,得以在其中自由交流、观点碰撞,在讨论式学习中获得提升。比起培训与合作，教师在讲坛中能进一步加强主动性与能动性，一改以往教师被动倾听的姿态，让教师从默默的倾听者转为研究者、实践者、阐释者，从教师的实际出发，让一线教师真正成为讲坛的主人。

"点金课堂"项目是学校优化探索课堂教学质量提升的重要尝试。"点金课堂"打造，意寓"点石成金、璞石成玉"，做到：激发学生三种状态，即积极的自我认同、开放而深入的课堂对话，以及高效的同伴协作；提升四类学习成效，即课堂学习的投入性、合作学习的参与性、自主学习的自主性、探究学习的有效性；回应五大学习需求，包括体验与实践、表达与展示、认可与激励、交流与互动、探索与创新。通过科学设计观察量表，系统记录教学与学习的真实动态，为课堂优化与教学改进提供数据支撑。学校组织教师开展基于流程再造的教学设计实践研究，围绕着"什么是基于理解的教学设计""如何实施基于理解的教学设计"等问题，教研组、备课组集思广益，通过研讨交流展示等活动，教师掌握了从目标导向、成果预设到学生学习证据评估再到教学与学习过程制定的操作路径，感受到了流程再造对提升学生学习成效、加深理解的显著作用。此外，组织开展"基于有效提问的课堂实践"等教学研究，解决教师教学低效、学生思维力度不够等问题，形成"设计优质问题的模板""用于评价和修改问题的模板""聚焦课堂提问的描述性观察模板"等工具，科学推进教师教学行为的深度改变。

二、青年教师社团

一个社团指的是方泰小学为青年教师量身打造的"衡石青年社"。衡石，在古汉语中是指称量重量的器物，也比喻大才、法则。其引申义为：考查与选拔人才的制度。学校的青年教师们，就如一块块的璞玉，有待于被发掘、被雕琢，"衡石青年社"应运而生。

"衡石青年社"以"德业兼修"为成长目标，将"德"的培养与"业"的提升作为重点，通过"营造良好的团队文化""唤醒自发的职业认同""拓展培训的多层维度""尊重专业的自主发展"等措施，采取"目标导向""项目带动""团队建构""教学提升""研修促进""形成特色"等培养途径，促进青年教师专业素养与人文素养的共同发展，提高教书育人的综合能力。

"衡石青年社"在对青年教师开展通识培训的基础上，以研修共同体为主要的组织架构,将青年教师组建成"妙趣金石""畅享悦读""心晴育人""教育创客""启智课堂"五大共同体,进行有针对性的浸润式项目研修,在综合课程、慧雅阅读、建班育人、教育技术、智慧课堂等领域,以团队合作的形式开展项目研究与实践,并借助优秀教师、成熟型教师的力量,相互帮助,共同进步。

"衡石青年社"挖掘和发挥青年教师的兴趣特长,注重亲历体验,从德育管理、人文素养、课堂教学、特色培养等多个方面,给予青年教师更多的平台与挑战。鼓励青年教师达成"十个一",即上好一节公开课、篆刻一枚印章、发表一篇文章、开展一场讲座等;体验十个"关键经历",如特别值得自豪的经历、深受感动的一次经历等。"衡石青年社"定期举办教学擂台赛和教学基本功大赛,鼓励全体青年教师参与教学评比、三笔字书写、微课制作、案例撰写、命题设计等活动和比赛。在阅读、音乐、美术、书法、篆刻等不同方面,发掘和发挥青年教师的兴趣特长,关注亲历体验,通过沙龙讲座、参观研学、团队拓展等形式为青年教师搭设平台。开设行政管理见习培训班,招募青年教师担任见习行政,培养青年教师的教育管理能力。

例如,在科研促教的背景下,学校以科研意识和科研素质为着力点,就提升青年教师科研能力设置了八个单元的培训模块,从"科研是怎么一回事""如何选题""如何写课题申请书""如何写开题报告""如何中期汇报",到"如何撰写案例""如何结题""课题的推广"等维度进行科研能力的扎实培训。

自组建以来,"衡石青年社"的建设愈发完善,目前已成为青年教师专业发展成长的重要营地。青年社遵循青年教师成长规律,全方位、多途径开展研修活动,以"注重专业能力,创新教育理念;讲求团队合作,协同促进发展;提升人文素养,形成个人特色"为原则,力求建设一支具有教育理想、现代视野、创新理念,以及较强综合素养和教育教学能力的高质量青年教师队伍。

附:"衡石青年社"暑期成长营活动纪实

赓续教育初心　凝结青春光芒

为了更好地培育学校的新生力量,引领青年教师们找准定位、快速且高质量成长,近日,方泰小学为期两天的"衡石青年社暑期成长营"拉开序幕。

破冰——遇见最好的我们

在全校教师中,青年教师(35周岁以下)占比52%,为这所百年老校增添了新的活力。成长营的首个板块即为"遇见最好的自己"的心理团建活动。"多元排队""写意曼陀罗""小组LOGO和口号设计"等团体活动,"快乐传真""二十问""合力乒乓""泰坦尼克号"等趣味游戏,在青年社内初步构建起团队合作关系,融洽整体氛围,为之后的青年社建设和相关研修活动的开展打下基础。

经历——发现不一样的你我

"衡石青年社"的青年教师个性迥异,拥有着不同的特长和兴趣爱好。在"发现不一样的你我"板块中,九位成员通过微讲座分享了自己的独特经历或特长爱好——异国孔子学院的工作经历、俄罗斯的风土人情、大西北的自然人文景致、长跑的心路历程、摄影小技巧以及科学发声、足球知识、电影赏析、音乐剧欣赏等。

丰富的微讲座让在座的青年教师们发现了身边伙伴在生活中与众不同的一面,感受到了非凡的精彩。今后,微讲座还将继续,每一位青年教师都将走上台去分享经历、兴趣,展现自我个性。

复盘——2020学年的我

2020年8月,全体青年教师制定了"个人发展三年规划"。在成长营中,五位青年教师代表针对自己在师德修养、教学能力、个人素养等方面作目标达成度的分析、反思,以及下一学年调整的举措。

虽然他们初入教坛,但他们敢想敢拼,勤奋钻研。在过去的一学年中,他们大量听课,学习优秀经验;认真设计研讨课,几易其稿;热爱学生,用心管理班级。好学笃行在他们身上得到彰显。同时,青年教师们用自己的行动诠释着责任意识和奉献精神。相信新的一年,他们会更加出色。

交流——我们携手共进

青年社中,骨干、成熟型教师习惯以"传、帮、带"助力职初教师进入角色,快速成长。成长营的"答疑解惑"板块,几位新进及职初教师提出了如何管理班级、新手班主任家访、特殊学生指导等一些具有代表性的问题。

数位成熟教师结合自身的实际经历,毫无保留,耐心解答。青年教师们受益匪浅,纷纷表示要将他们的宝贵经验付诸工作实践中。青年社团队的教育智慧在交流中得以分享和彰显。

创作——一起体验美

为提高青年教师的人文素养，衡石青年社在阅读、音乐、美术、书法、篆刻等不同方面，挖掘和发挥他们的兴趣特长，注重亲历和体验。

本次成长营中，青年教师通过视觉艺术的重要门类——版画的创作，体验艺术之美。大家在了解版画的特点和种类的基础上，动手创作木刻版画——描绘底稿、勾勒线条、固定底稿、逐步涂色、分层印染……一幅幅以"秋天的印记"为主题的精美版画作品诞生了。

展望——2021学年，新的起点

成长营中，"衡石青年社"2021学年研修计划发布。2021学年，"衡石青年社"的研修将坚持"注重专业能力""创新教育理念""讲求团队合作""协同促进发展""提升人文素养""形成个人特色"等原则。以"目标导向""项目带动""能力促进""素养提升"为研修方式，积极构建五大项目组，分别从综合课程、慧雅阅读、建班育人、教育技术和高效课堂等专业领域开展实践研究。

而后，五位项目组组长分别介绍了学年研修计划及预期成果——

"妙趣金石"项目组将利用跨学科项目化学习的方式，开展对"大美金石"综合课程框架下"金石言美""金石言趣""金石言创"等课程的设计与实践，进一步探索金石文化与场馆资源及校本课程的高效结合；

"畅享阅读"项目组以"整本书阅读"为切入点，开展跨年级、多学科的阅读研究，培养学生的阅读兴趣，探索有效阅读的新途径；

"心晴育人"项目组以心理分析为手段，从"班主任的一天、一年、每一次活动和每一位学生"四个方面入手，探索培育班主任建班育人的有效实施路径；

"教育创客"项目组将深入学习并研究利用最新前沿技术促进教育信息化水平的提升，并计划将成果在全体教师中进行推广；

"启智课堂"项目组则针对我校的学情现状，将尝试以逆向设计、开放性作业设计等手段革新教学方式，培养学生的高阶思维，提升其核心素养。

"衡石青年社"在"让教师与学校一起发展，让教师与学生共同成长"的愿景下应运而生,力求通过青年教师自发自主的合作研修,建设一支具有教育理想、现代视野和创新理念,富有较高综合素养和教育教学能力的高质量教师队伍,以此带动学校教育教学工作的整体发展,为"办好人民满意的教育""建好家门口的好学校"奠定基础。

第三节　行为文化：发挥金石文化的行动支持作用

通过深化学校行为文化建设,能够进一步增强师生对学校的认同感与归属感,营造积极向上的校园文化氛围,引导学生树立正确价值观与行为准则,培育学生高尚的品德与综合素质,这对于学校品牌塑造、特色发展、影响力提升都有重要的意义。

一、开发特色多元的金石课程

方泰小学的金石文化课程建设主要包括"篆刻"校本课程、"大美金石"综合课程两大板块,以课程入手实现金石文化的了解、体悟、感知,通过特色多元的课程开发实现金石文化的融会贯通、学生全面发展。在"点石成金　大美无言"的校训引领下,将"以书美言,以学美慧,以艺美趣,以行美情,以创美意"作为课程理念,以"金石篆刻"作为学校传统特色、艺术教育的重要载体,不断进行课程的优化与迭代。经过二十年的实践和发展,全校师生"人人会拿篆刻刀,个个金石显创意"。作为一门开设在小学阶段的校本课程,对传统文化的传承发展应当循序渐进,从认知到认同、从技艺到文化等,实现以金石篆刻为基础的金石文化的传承和发扬。

(一)"金石篆刻"校本课程

学校开发"金石篆刻"校本课程,在一至五年级开展篆刻分层教学:一年级阶段以"赏"为核心,学生通过欣赏篆刻作品,感受篆刻艺术的深厚底蕴与独特魅力,同时学习绘制基础线条和描摹篆文,初步接触篆刻的基本技法。二年级进入"识"的阶段,学生开始认识小篆字体及其常用偏旁部首,并尝试书写简单的小篆文字,逐步掌握篆书的基本结构与书写规律。三年级则以"书"为重点,学生从简单的偏旁部首入手,系统练习篆书书写,进而临摹篆文名帖,提升对篆书艺术的领悟与书写能力。四年级进入"临"的环节,学生从汉印入手,由简至繁,逐步临摹官印至明清名家印章,欣赏并临刻约二十方印章,深入理解篆刻的艺术风格与技法特点。五年级则以"创"为目标,在四年级临刻的基础上,学生从简单的一字印入手,逐步过渡到多字印,学习布局与章法的设计,基本掌握篆刻的创作技巧,初步具备独立创作的能力。循序渐进的教学设计,通过欣赏、识记、书写、临摹与创作等环节,帮助学生逐步掌握篆刻的基本技法与艺术规律。每个阶段的教学内容既相互独立,又紧密衔接,形成了一个完整的篆刻学习体系,为学生深入学习篆刻艺术奠定了坚实的基础。为保障"金石篆刻"课程的开展,学校在一至五年级各年级的课表中明确了"金石篆刻"课的上课时间,每班每周开设一节篆刻课,让每一名学生都能接受篆刻知识与技能的学习。

学校"金石篆刻"课程建设的有序开展,离不开科学编制的校本学材。结合地方篆刻艺术特色、金石文化传统,经过专业教师研究指导,有针对性、细致地编撰了从一年级到五年级的学材。在一年级,以欣赏为核心课程目标,基本介绍两千年以来中华民族的篆刻艺术,其中注重了篆文、篆刻样式、线条的演变发展,旨在倡导学生在学画线条、学描篆文过程中初步形成对篆刻艺术的认识了解,体悟到篆刻艺术与金石文化的博大精深。在二年级教学中,以"认识"为核心课程目标,重点聚焦篆书文字的系统呈现与解析。课程通过对经典篆文的介绍,帮助学生从基础入手,首先识读简单的小篆字形,并掌握常见偏旁与部首,激发其对篆书及篆刻作为书写体系与艺术形式的兴趣。与此同时,课程精选十位左右篆刻名家的代表印章及其艺术成就,通过赏析作品,引导学生建立对篆书艺术的基本审美认知。在教学实践环节,学生可通过描摹练习,以铅笔临写小篆字形,在动手实践中加深对篆刻艺术的理解,逐步培养篆书审美能力与基础书写技能。在三年级,以书写篆书为课程核心目标,主要集中对经典篆文的来源、形态、意蕴等进行展示介绍,以分部教学、分层教学为指导思想,从简单的偏旁部首入手展开过程性教学,学生通过阅读、书写等方式形成对篆书"形"与"神"的基本理解,在此基础上继而临写篆文名家名帖,承上启下对篆书进行书写实践,为临刻打好坚实基础。在四年级,以临刻为课程核心目标,首先,聚焦于我国古代篆刻发展脉络,从汉代印刻入手直至明清,遵循由简至繁的逻辑深入推进;其次,注重对不同类型刻印进行介绍展现,包括官方刻印、名家刻印等。在两者结合的基础上进行艺术欣赏和临刻实践的并行,通过对二十方左右的印章的学习实践,学生们在教师教授中学会基本的刀法,实现从练习、掌握到熟练的技巧学习,为后续创作做好准备。在五年级,以创作为核心,面向篆刻、刻印的技巧与理解的统合,循序渐进教授学生从较为基础简单的一字印入手,直至多字印的实践,集中展现创作中的布局、章法要义,辅以一定的经典名家案例,培养学生学会篆刻的章法布局,并能够依据一定规范原则实现自己的篆刻创作。学材的开发遵循文化传承与发展的基本逻辑,注重技艺与精神的传递,知识学习与立德育人的统一,有效地保障了篆刻课程的教育实践。

图 4-16 "篆刻"校本课程学材

(二)"大美金石"综合课程

在当前教育改革的浪潮中,学生的全面发展成了教育工作的核心目标。为了更好地满足学生的发展需求,方泰小学将原有的篆刻特色课程进行升级迭代,打造出全新的"大美金石"综合课程。这一课程群旨在通过多维度、多层次的学习活动,让学生系统地接触和感受金石文化的魅力,从而培养他们的审美素养、文化素养和创新能力。

1. 背景分析:学校原有的篆刻课程偏重对篆刻技艺的了解和体验,如何使以篆刻为基础的金石文化在传承和发扬中持续创新?学生们天真质朴,对周围的事物和生活充满强烈的好奇心,他们天马行空的创造力如何发掘和培养?根据《嘉定区"十四五"规划和2035远景目标纲要》,拥有八百年教化之风的嘉定作为江南的历史文化名城,未来将进一步加强文化阵地建设,把"创意设计"作为嘉定文化产业发展的重要举措之一,实施"文化+"产业融合提升战略,形成"文化+创意"等多元化融合发展重点领域。如何在传统的篆刻课程中融入区域发展的创意元素?

以上问题是学校在综合课程建设中亟须思考和探索的。因此,在嘉定区域特色发展背景下,基于学生的发展需求,通过"大美金石"综合课程建设,从了解金石文化发展史、欣赏优秀篆刻作品、体验篆刻名家情怀、探究篆刻材料、设计金石文创作品五个方面系统地接触和感受金石文化。

2. 课程目标:脱胎于篆刻特色课程,"大美金石"综合课程在篆刻特色方向上有所继承、有所发展，综合课程与特色课程的有机配合，形成了学校在文化育人、美育浸润上的重要抓手，课程目标主要包括——

考察金石文化场馆，直观了解和体验金石文化，对其产生学习兴趣和探究欲；通过专题学习与知识梳理，初步把握金石文化主要板块知识结构，了解相应的文化要素；经历文创作品的设计与制作过程，深度体验金石文化及其在日常生活中的应用；在各类展示活动中分享创作成果，提升活动组织能力、语言表达能力、团队合作能力，并能借助表单工具，对学习过程及成果进行评估和反思。

3. 课程结构：围绕"大美金石"主题，以实践活动为组织形式，开展基于项目的学习，将金石文化所蕴含的历史沿革、人文情怀、美学意蕴、地理风貌、传承创新等内容有机整合，形成"金石言史""金石言情""金石言韵""金石言志""金石言创"五项学习领域，每个领域下设计四个实践活动，实现对特定学习领域内容和教育价值的统整。

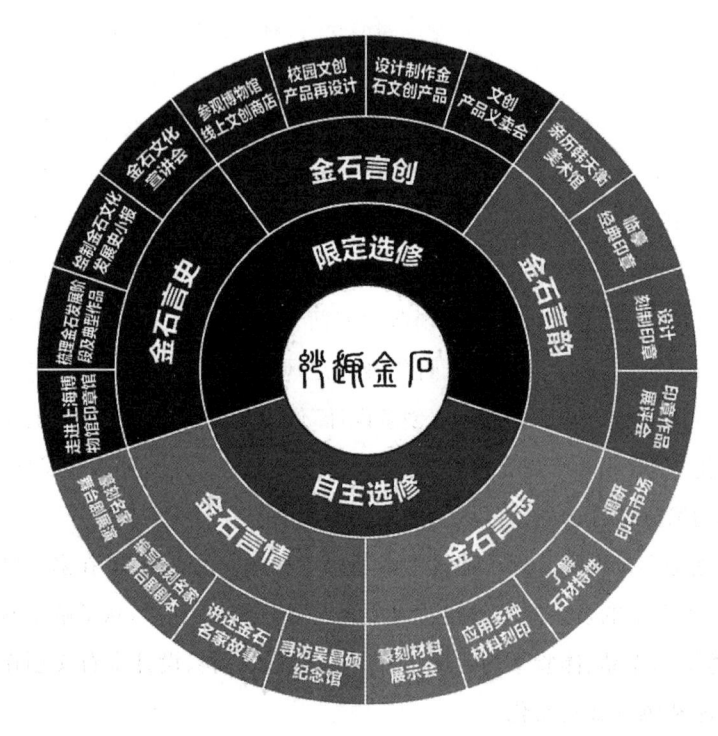

图 4-17 "大美金石"综合课程结构图

"大美金石"综合课程的设计,为学生提供一个全面、深入的金石文化学习平台。主要包括——

(1)学习发展历史:了解金石文化发展历程,通过历史探寻、文献阅读等方式,让学生了解金石文化的起源、发展和演变过程,感受其深厚的历史底蕴、历史变迁和文化传承,培养学生的历史意识和文化自信。

(2)体验名家情怀:通过讲述篆刻名家的生平事迹、创作故事等,让学生深入了解篆刻艺术家的精神世界和创作理念,激发他们的创作灵感。通过解读篆刻作品中的情感表达,感受金石艺术所蕴含的人文情怀,培养学生的情感共鸣和人文关怀。

(3)欣赏篆刻作品:精选历代篆刻名家的代表作,通过实物展示、多媒体演示等手段,让学生近距离欣赏篆刻艺术的魅力,感受金石艺术的韵律美和形式美,提高他们的审美鉴赏能力。

(4)探究篆刻材料:通过了解篆刻石材的特性,体会古人以石表意、以石育情、变废为宝的智慧与才情,培养学生锲而不舍、金石可镂的人生志向,以及他们的实践能力和探究精神。

(5)设计文创作品:鼓励学生结合所学金石文化知识,设计并制作具有创意的金石文创作品,如金石书签、金石挂饰等,培养他们的创新思维和动手能力,让他们在实践中体验变革创新的乐趣。

"大美金石"综合课程设置意味着课程是体系化的、有层次、分步骤的,对金石文化的认知、认同、理解与传承在不同的具体课程中有不同的面向与要求。自主选修与限定选修的方式意味着学生在学习基本核心课程,学习统一的、系统的篆刻技艺,感知金石文化的同时,可以结合自身特长、兴趣爱好自主选择、自由表达。在"大美金石"综合课程中,"金石言史""金石言韵"和"金石言创"三门为限定选修课程,根据活动需要集中安排课时,发挥灵活主动的实践特征与教学优势;"金石言情"与"金石言志"两门为自主选修课程,在寒、暑假中以学生成长营的形式开展,注重以实践形态赋予学生主动创造、深入体悟的自主探索空间。

表 4-2 "大美金石"综合课程设置与课时安排表

课程名称	开设时间	课程设置	课时	备注
金石言史	四年级第一学期	限定选修	16	按活动集中安排
金石言情	四年级寒假	自主选修	18	两天完成
金石言韵	四年级第二学期	限定选修	16	按活动集中安排
金石言志	四年级暑假	自主选修	18	两天完成
金石言创	五年级第一学期	限定选修	18	按活动集中安排

4. 课程实施：

（1）实施原则

● 挖掘场馆资源：充分利用上海博物馆、韩天衡美术馆、吴昌硕纪念馆及各大博物馆线上平台等场馆资源，拓展学习方式，拓宽学习空间。借助参观前后的学习任务单，开展有效的金石文化研学实践活动，使学生对课程内容产生兴趣。

● 认知策略融入：构建各种富有探索性以及启发性教学活动，对学生思维进行拓展，以材料、技法、文创等不同形式创意表现金石文化的内涵，激发学生的创新意识与创造能力。

● 注重知行合一：引导学生"做中学""用中学""创中学"，通过印章创作、不同材料刻印体验、篆刻新形式体现和金石文创作品设计等经历，使学生在主动感知、发现、理解、创造的过程中接受优秀传统文化的浸润。

● 搭建展示平台：在课程实施中，创设"金石作品展""金石文化发展史宣讲会""金石文创发布会""金石名家戏剧周"等情境作为学生展示成果的平台，展现探究精神，表达个性思维。

（2）实施方式

"大美金石"综合课程的每项学习领域均以项目化学习方式实施（即"一领域一项目"），都以"知识学习与实地考察""结构梳理与要素提炼""创意设计与作品制作"及"成果展示与反思总结"等四大板块顺序展开，各板块学习内容见表 4-3。课程组织板块的有机联结是"大美金石"综合课程的重要特征。通过知识学习与实地考察增进对金石篆刻的实地理解,从知识层面注重对金石篆刻的结构梳理与要素提炼,强调知识积累与兴趣培养,从创意设计与作品创作中检验成果、自我展现,培养学生的动手实践能力与学习自信,同时配以成果展示与反思总结,予以学生学习交流、反思改进的空间。综合课程在板块设计上的闭环一定程度保障了课程的顺利实施开展与学生的深入学习理解,是学校金石文化建设在课程育人中的宝贵经验。

表4-3 "大美金石"综合课程各板块学习内容

板块 课程	知识学习 与实地考察	结构梳理 与要素提炼	创意设计 与作品制作	成果展示 与反思总结
金石言史	走进上海博物馆印章馆	梳理金石发展阶段及典型作品	绘制金石文化发展史小报	金石文化宣讲会
金石言情	寻访吴昌硕纪念馆	讲述金石名家故事	编写篆刻名家舞台剧剧本	篆刻名家舞台剧
金石言韵	亲历韩天衡美术馆	临摹经典印章	设计并刻制印章	印章作品展评会
金石言志	调研印石市场	了解石材特性	应用多种材料刻印	篆刻材料展示会
金石言创	参观博物馆线上文创商店	校园文创产品再设计	设计并制作金石文创产品	文创产品义卖会

(3) 实施内容

● "金石言史"

"金石言史"主要从历史维度入手培养学生对金石文化历史的了解,深入浅出地理解金石相关的传统文化、历史价值与艺术美感。本板块是"大美金石"综合课程中的第一门课程,属于普及性课程。学生在本板块中对金石文化进行初步的感知,在理论与实践相结合的学习经历中,为后续与金石篆刻相关的各种创作打下坚实的基础。

"金石言史"围绕金石发展历程进行组织,设定了科学合理的学习目标和学习内容,主要包括——

美丽印章看上博:通过考察上海博物馆印章馆,初识印章相关知识,以小组合作的形式收集印章演变的过程资料，探究经典篆刻作品在各个时期的关键作用，积极参与互动和分享，体会金石的魅力。

泱泱历史话印章：学习思维导图的绘制方法，锻炼逻辑思维；以绘制思维导图的形式梳理各个历史时期的印章，体验如何借助思维导图呈现金石篆刻的历史发展脉络，深入研究印章在关键历史事件中的作用，提升信息分析与处理能力。

印章小报花样多：通过组内分享与交流，纵向梳理不同主题下，印章在各个历史时期的发展历程，合作制作印章小报，锻炼资料的归纳梳理能力和实践动手能力，促进团队协作能力。

宣讲展示我参与：在宣讲会上宣讲金石文化发展史，系统巩固了解其发展历程，在分享中促进反思，提升表达能力。

金石文化，这一承载着深厚历史底蕴与艺术精髓的瑰宝，其历史源远流长，博大精深，犹如一条蜿蜒壮丽的河流，穿越时空的隧道，缓缓流淌至今。金石文化之所以能够绵延不绝、历久弥新，根本原因在于它深深植根于厚重的历史土壤之中，经历了无数岁月的洗礼与历史的演进，形成了持久而坚韧的发展脉络。在这漫长而复杂的历史进程中，金石篆刻不仅仅是技艺与美学的展现，更是历史的见证者与记录者。它们如同一面面镜子，映照出过往时代的风貌与变迁，承载着丰富的历史信息与文化内涵。因此，当我们试图深入学习金石文化时，便不能忽视对其历史根源的探寻与理解。唯有如此，才能更好地把握金石文化的精髓，领略其独特的魅力与价值。金石言史，正是基于这样的认识与理念，以历史演进为脉络，将金石文化的传承与发展娓娓道来。它不仅仅局限于对金石技艺与作品的介绍与赏析，更注重引导学生通过小组合作、个人展示等多种方式，亲身接触、感受并深入了解金石文化。在这个过程中，学生不仅能够领略到金石文化的博大精深，更能在心中种下对金石文化的亲近与热爱的种子。

● "金石言情"

"金石言情"为自主选修课程，建立在"金石言史"课程学习的基础上，引导学生提炼篆刻名家故事，改编成舞台剧剧本进行演绎，感受名家情怀和创作理念。在学习基础方面，四年级的学生对于篆刻技艺有着一定的积累，并初步具备了欣赏和记录能力。同时学生能够独立查阅书籍，利用网络搜集信息和资料，并进行初步筛选和整理。在这个阶段，中年级的学生有丰富的想象力和创造力，具备较强的合作意识与审美能力，对于戏剧有着浓厚的兴趣和较强的探索欲。

在学习内容与学习目标方面,包含以下几个部分——

金石场馆寻访:寻访吴昌硕纪念馆,了解吴昌硕的生平事迹,欣赏其优秀作品,提高收集信息、分析梳理的能力。

名人轶事讲述:通过学习小组的形式提炼并讲述名家故事,进一步感受篆刻名家的创作理念和道德情操,提高语言组织和表达能力。

舞台剧本创编:以学习小组的形式进行金石名家舞台剧剧本的创编,提高想象和创作能力。

舞台剧目表演:通过金石名家舞台剧的演绎,体会创意多元的艺术表达形式,提升艺术表达能力。

"金石言情"以一种别开生面的方式,创造性地聚焦于金石在历史长河中那些举足轻重的人物与事件,旨在通过深度挖掘与再现这些关键节点,来全方位地锻炼学生的表达能力、语言组织能力以及团队协作能力。这一板块不仅仅停留于理论的传授,而是鼓励学生积极参与,自主设计并编排一系列富有创意与深意的金石故事,通过现代视角重新诠释与再造历史片段,力求在还原历史真实性的基础上,赋予其新的生命力与情感色彩。在这一过程中,学生们将深入挖掘区域独有的历史文化资源,从古老的城墙到流传千古的文人逸事,从精美的古建筑到丰富的非物质文化遗产,无一不成为他们灵感与创意的源泉。利用这些宝贵的文化资源,学生们将携手合作,进行舞台剧的设计与表演,将书本上的文字转化为舞台上生动的角色与情节,让观众仿佛穿越时空,亲眼见证那些激动人心的历史瞬间。

"金石言情"不仅是历史学习的一种创新尝试,更是地区文化优势与学校育人理念深度融合的典范。突破了传统课堂的局限,使学习不再局限于教室,而是融入现实生活,使学生在真实情境中探索,在实践中学习,在创造中成长。通过这种方式,学生不仅能积累深厚的文化素养,还能锻炼创新思维与实践能力,成长为兼具文化底蕴与实践智慧的新时代人才。与此同时,这种教学模式为地区文化的传承与发展注入了新的动力,也为学校文化建设提供了全新的路径与实践范式。

● "金石言韵"

"金石言韵"引导学生参观韩天衡美术馆,感受金石篆刻之美,在充分欣赏和感知优秀篆刻作品的基础上,临摹自己喜爱的经典印章作品,并以制作印屏的形式进行展示,体验金石篆刻的美韵。在课程教学基础方面,本校学生从一、二年级开始赏识篆字印章,三年级学习篆刻相关技巧,四年级的学生已经可以着手临摹篆文和印章,并能够在老师的帮助下添加一些个人风格元素。学生有丰富的想象力和创造力,缺乏将想象付诸实践的契机,但有一定的动手实践能力、欣赏能力且学习热情高涨。

学习目标与学习内容主要包括——

亲历文化场馆:实地参观韩天衡美术馆,欣赏各类优秀篆刻作品,了解印章创作的过程,产生艺术欣赏的兴趣。

临摹经典印章:动手临摹优秀作品,进一步提升篆刻技巧,感悟印章之美,体会篆刻的韵味。

欣赏制作印屏:学习印屏制作的方法,将本组临摹作品汇总呈现,提升创意呈现篆刻作品的能力。

"金石之韵"展览:通过金石之韵展览,展示小组印屏创作成果,提高团队协作能力,提升印章欣赏水平。

金石文化的传承,这一蕴含深厚历史底蕴与艺术价值的宝贵遗产,其延续与发展往往依托于特定的人物与地区文化的滋养与推动。在嘉定区这片文化底蕴深厚的土地上,金石文化的传承更是与地方对其的高度重视与精心保护密不可分。嘉定区不仅孕育了众多金石文化的杰出人物,更在地域文化的独特土壤中,为金石文化的繁荣与发展提供了肥沃的养分。将视野拓展至更广阔的范畴,我们可以清晰地看到,无论是国家层面还是地方层面,对金石文化的传承与保护都被视为一种独一无二的历史文化资源。在这种共识的引领下,各级政府与社会各界都在积极努力,通过多种途径与方式,共同守护与传承着这份宝贵的文化遗产。

在这样的背景下,方泰小学以其深厚的学校历史与地区文化传统为依托,积极探索金石文化传承的新路径。"金石言韵"课堂设置在当地独具特色的博物馆、美术馆中,尤其是以韩天衡美术馆为核心,这里不仅汇聚了丰富的金石艺术作品,更承载着金石文化发展的厚重历史与杰出人物的卓越成就。在"金石言韵"课堂中,学生们不仅可以近距离观赏金石作品,感受其独特的艺术魅力,还能在专业人士的引导下,深入了解金石文化的历史背景、技艺特色与传承价值。这种将课堂延伸至博物馆、美术馆的做法,打破了传统教学的空间限制,更让学生们在沉浸式的文化氛围中,实现了知识的吸收与素养的提升,达到了课程综合育人的良好效果。

● "金石言志"

"金石言志"组织学生走出校园,开展金石文化研学之旅,走进篆刻石材产地——浙江青田、浙江昌化、福建福州等地,引导学生参观欣赏青田石、昌化石、寿山石,近距离感知当地地貌地质的神奇,领略石文化氛围。通过一系列研学活动,旨在全方位了解石材产地,感受地理风貌和风土人情。在研学基础方面,选课学生对石文化有极大的兴趣,对各种事情充满好奇,非常愿意进行探究活动。

学习目标与学习内容主要包括——

研学准备:通过研学前的准备了解主要篆刻名石的名称及产地,形成对主要篆刻名石的初步认知;着重了解各大石材的特性,体会原石的魅力,产生实地探究的兴趣。

参观体验:开展研学活动,如走进青田,实地欣赏青田原石、石雕和印章作品,亲身体验篆刻过程,近距离观察地质结构,感受青田县的石文化氛围,在实践体验中提升研究学习能力。

地图制作:以学习小组的形式制作研学地图,形成合作意识,提升归纳总结能力。

成果交流:开展研学成果交流会,举办篆刻材料展示会,回顾研学过程,复盘研学经历,汇报研学成果,增强沟通交流能力。

石材,作为金石艺术不可或缺的基础材料,扮演着至关重要的角色,它是金石作品能够承载深厚文化底蕴、历经风雨而不被侵蚀的物质基石。在中国这片广袤的大地上,石材的分布极为广泛,每一处产地都蕴含着独特的自然韵味与文化积淀。其中,浙江青田的石材以其鲜明的地方代表特色而著称,无论是石料的丰富形态,还是其独特的塑石造型能力,都在众多石材中独树一帜,成为展现我国金石文化魅力的重要取材之地。青田石材以其易于雕琢、能展现出细腻纹理的特性,使得金石作品在形态上更加生动传神,富有层次感和立体效果。因此,青田不仅成为我国金石文化的一个重要取材中心,更在金石艺术的发展史上留下了浓墨重彩的一笔。

从历史沿革的角度来看,金石文化的深厚底蕴并非仅仅体现在那些流传千古的精美成品之上,其积累与传承是一个复杂而多元的过程。对金石素材产地的探访,不仅仅是对石材本身质量与特性的考察,更是一种与当地文化乃至整个金石文化深度对话与融合的过程。通过实地探访,学生得以近距离感受那些孕育了金石艺术的自然环境,理解当地人民与篆刻原材之间千丝万缕的联系,以及这些联系如何共同作用于金石文化的形成与发展之中。

● "金石言创"

本课程建立在之前四门课程学习的基础上,引导学生利用金石篆刻元素进行金石文创产品的设计与制作,将金石篆刻应用在实际生活中,让古老的民族艺术焕发新的生命力。在学习基础方面,五年级学生有丰富的想象力和创造力,动手实践能力也较强,且具备较强的合作意识与合作能力。

在学习目标与学习内容方面,主要包括——

文创产品鉴赏:线上参观故宫博物院文创商店,初步认识文创产品;梳理文创产品中的文化元素和创意方式,体会文化创意表达的魅力,产生探究兴趣。

校园文创设计:分析现有校园文创产品,尝试进行再设计,体验如何将金石篆刻元素融入校园文创产品,提升创新能力与创作意识,增强动手实践能力及合作意识。

金石文创制作:根据组内创作的印章内容设计制作具有篆刻元素的文创产品,熟悉文创流程,体验篆刻艺术的现代应用,感受篆刻艺术的独特性以及创意表达的多元性。

文创作品义卖:以学习小组的形式经历文创作品设计、制作、义卖活动,增强沟通、表达以及协作能力。

创新是推动金石文化得以延续传承、不断焕发新生与蓬勃发展的不竭动力之源。金石文化之所以能够取得如此璀璨夺目的成就,正是建立在无数代金石艺术家和研究者坚持不懈、精益求精、守正创新的金石创作与探索之上。他们站在历代金石艺术巨匠的肩膀上,不断汲取前人智慧,勇于尝试新的技法与理念,使得金石艺术及其文化内涵得以葆有生生不息、与时俱进的强大创新动力。方泰小学的历史演进历程本身就是一部生动的创新史。从学校的创办到金石课程的创立与发展,每一步都凝聚着教育工作者对传统文化的深刻理解与对未来教育的远见卓识。学校金石课程的设立,不仅是对金石文化的一种传承,更是对其在现代教育背景下的创新实践,这正是"金石言创"课程所蕴含的深刻意蕴。

"金石言创"旨在引导学生以所学知识为桥梁,既回望过去,深刻理解金石文化的深厚底蕴;又立足现实,将金石艺术融入当代生活;更展望未来,探索金石文化在新时代背景下的无限可能。通过这样的课程学习,学生们不仅能够培养出矢志不渝的创新态度与精神,更能够在个人成长、学校发展乃至社会进步的广阔舞台上大有作为。

(4) 实施保障:

● 教研与评比。每月开展综合课程的专题教研或校本培训,通过专家讲座、集体备课、外出观摩、论坛沙龙等形式增强教师课程设计、实施和评价的能力。团队教师之间开展全覆盖性的互听互评活动(每位教师每学年至少一次);由综合课程团队组长、副组长对每名教师进行随堂听课(每学年至少一次),并及时反馈。每学年开展综合课程案例评比、教学评比和成果展示,提升教师的活动设计、资源开发,以及活动开展的能力,推动教师专业素养的发展。

● 调研与激励。由骨干教师和外聘专家组成的综合课程调研小组每学期针对教师在综合课程实施中的目标达成度、实施要点等方面开展专项调研。每学年表彰在综合课程建设中表现突出的教师,设置综合课程专项课时津贴,提高教师参与课程开发与实施的积极性。

5. 课程评价:

(1) 评价原则

●过程重于结果。关注学生在学习过程中的点滴进步和变化,及时搜集文字、照片、视频等各类过程性材料,记录学生的参与情况和综合表现。

●评价融入活动。将表现性评价融入活动设计,通过表演、展示、操作、写作等真实的表现来评价学生的学习情况。

●设计个性评价。根据各门课程中核心活动的不同主旨设计相应的评价表,评价学生在不同类型活动中的学习表现和学习效果。

●评价促进反思。通过评价促使学生对既往学习进行主动有效地反思,梳理和分析成功或失败的相关因素,为后续自主学习提供支持。

(2) 评价形式

●设计学习手册。根据"金石言史""金石言情""金石言韵""金石言志""金石言创"等内容设计相应的项目学习手册。在手册中,不仅包含项目计划、学习过程资料、个人与小组的作品,而且融入表现性评价,帮助学生反思学习过程,做出自我评估,提升自主学习能力。

● 发放金石印花。以发放金石印花的形式对学生进行评价。金石印花包括趣、能、创、美等四种印花,分别对应学习兴趣、学习能力、创意表现和品德情操等四个方面。在综合课程学习中获得一定数量印花的学生获得"金石创客"荣誉称号。

6. 资源保障:

(1) 人力资源。依托学校作为"全国中小学中华优秀传统文化传承学校""全国书法实验学校""上海市'篆刻进校园'试点校"和"嘉定区创客工坊项目校"的人才优势,聘请书法篆刻及科创领域专家走进校园提供专业指导;吸纳有专长、有兴趣的教师参与课程开发;在学校家委会的支持下,广泛征集家长资源,有效发挥家长的兴趣特长和职业优势。

(2) 场室设备。充分利用金石苑、金石工坊、篆刻教室、书法创新实验室、图书馆、校园剧场等校内资源场室,以及激光雕刻机、书法数字软件、专用篆刻软件等软硬件设备,保证课程的开发与实施。

(3) 场馆资源。充分挖掘嘉定区域内乃至上海范围内的场馆资源,包括与金石文化有关的艺术文化机构、场馆(如韩天衡美术馆、上海博物馆、吴昌硕纪念馆、明止堂古字砖博物馆、陆俨少艺术院等)以及文化创意园区,为学生创设广阔的学习环境。

从"大美金石"综合课程对学生预期产生的育人效果来看,学生在系统学习过程中得以培养多方面的能力,主要包括——(1)知识习得:让学生掌握金石篆刻的基础知识,包括历史、流派、技法等。(2)技能培养:通过实践操作,引导学生掌握篆刻技艺,使其具备独立完成印章设计与制作的能力,提升手工实践技能与艺术表现力。(3)文化理解:深化学生对我国金石文化的认知与审美能力,使其在学习过程中感受篆刻艺术的历史价值与文化魅力,从而增强文化自信与民族认同感。(4)创新思维:在传承传统技艺的基础上,鼓励学生融入个人创意,探索创新设计路径,打造独具特色的金石作品,培养艺术创造力与个性表达能力。(5)实践应用:将金石篆刻技艺应用于实际生活和文创产品中,增强学生的实际应用能力。

(三)"金石巧匠"劳动课程

方泰小学重视劳动教育的传统延续至今。在金石文化的打造中,金石篆刻中的石材研磨、印稿设计、水印上石、潜心镌刻、钤印对比等步骤均讲求动脑与动手相结合,金石篆刻过程讲究细致、耐心、匠心,均与劳动教育的理念相契合。学校设有"金石工坊"作为劳动教育的场域,引导学生学习实践与金石篆刻相关的劳动技能。同时,与国宝鲁庵印泥制作技艺传习所、韩天衡美术馆、吴昌硕纪念馆、明止堂古字砖博物馆等合作,建立学生劳动实践基地,学生在场馆担任布展师、讲解员,并学习体验做印泥、拓印、篆刻等技艺,通过馆校合作共同支持学生经历公益劳动与创意劳动。

学校以积淀多年的金石篆刻特色为基础,开发极具校本特色的"金石巧匠"劳动课程,一至五年级分别开展与金石篆刻相关的劳动特色项目——

"印石研磨"(一年级):认识各地名石,初步了解名石的特性,学会用不同目数的砂纸打磨印石,养成认真负责、吃苦耐劳的劳动品质;

"印泥制作"(二年级):了解国宝鲁庵印泥的传奇历史,知道其制作原料,体验晒蓖麻油、搓艾绒,学会将艾草揉入色浆制成印泥的过程,掌握用印泥钤印的技巧,感受非物质文化遗产的魅力,在篆刻实践中形成设计、操作等劳动能力;

"金石拓印"(三年级):了解拓印的主要材料和工具,掌握拓印的基本流程,学会石刻图案和文字的拓印、装裱,提升劳动安全意识,形成良好的劳动习惯;

"金石篆刻"(四年级):了解篆刻的历史传承和印章的作用,学会设计印稿和水印上石,掌握阴文和阳文的镌刻技艺,能为集体、伙伴、家长等创作藏书章、纪念印章等作品,并能制作成扇面、印谱等进行展示,提升动手操作能力和审美素养,体会精益求精、追求卓越的工匠精神;

"金石文创"(五年级):知道文创设计的基本流程,将篆刻元素与学习、生活场景相融合,应用绘图软件设计,应用数码喷绘机、自动雕刻机等数字化设备制作金石文创产品,形成创造性劳动的能力和开拓创新的劳动精神。

特色项目包含了传统工艺制作、工业生产劳动、新技术体验与应用、现代服务业劳动等四个任务群,遵循不同年级学生的认知规律进行个性化内容设计与组织实施,旨在传承中华优秀传统文化,使学生提升劳动素养,增强综合能力。见表4-4。

表4-4 方泰小学劳动课程特色项目内容安排

方泰小学劳动课程特色项目									
项目名称		年级	所属任务群	课程内容					
				课时1	课时2	课时3	课时4	课时5	课时6
印石研磨	印面平整打磨	一年级上	传统工艺制作	认识印章	了解印石	欣赏名石	打磨印面(一)	打磨印面(二)	打磨印面(三)
	印石精细抛光	一年级下	传统工艺制作	了解印章的用途	学习制作封泥印	欣赏名家经典印章	抛光印石(一)	抛光印石(二)	抛光印石(三)
印泥制作	印泥原料准备	二年级上	传统工艺制作	认识与欣赏国宝鲁庵印泥	了解制作印泥的主要原料	蓖麻油的日晒与热炼	朱砂研磨	艾绒的精加工(一)	艾绒的精加工(二)
	印泥合成钤印	二年级下	传统工艺制作	搋拉入绒揉成印团(一)	搋拉入绒揉成印团(二)	搋拉入绒揉成印团(三)	印泥的盛放与保养	自制印泥钤印	个性化设计制作印屏
金石拓印	拓印技艺研习	三年级上	现代服务业劳动	走近历史中的拓印(一)	认识拓印工具	学习扑墨拓法(一)	学习扑墨拓法(二)	学习擦墨拓法(一)	学习擦墨拓法(二)
	拓印作品创作	三年级下	传统工艺制作	欣赏字画砖、碑文与拓印作品	拓制字画砖	拓制碑文	学习装裱	设计制作拓印作品(一)	设计制作拓印作品(二)
金石篆刻	基础篆刻学习	四年级上	传统工艺制作	学习篆刻刀法(一)	学习篆刻刀法(二)	学习篆刻刀法(三)	临摹经典印章(一)	临摹经典印章(二)	临摹经典印章(三)
	藏书章设计镌刻	四年级下	传统工艺制作	欣赏藏书章,确定篆刻内容	设计藏书章初稿	修改调整藏书章印稿	描摹藏书章印稿,水印上石	镌刻藏书章,调整修饰	钤印藏书章,制作展示扇面

续　表

方泰小学劳动课程特色项目									
项目名称		年级	所属任务群	课程内容					
				课时1	课时2	课时3	课时4	课时5	课时6
金石文创	走近文创产品	五年级上	工业生产劳动	文创产品鉴赏（一）	文创产品鉴赏（二）	分析原有校园文创产品	校园文创产品再设计（一）	校园文创产品再设计（二）	新校园文创产品交流介绍
	文创设计制作	五年级下	新技术体验与应用	金石文创产品设计（一）	金石文创作品设计（二）	金石文创作品制作（一）	金石文创作品制作（二）	金石文创作品制作（三）	金石文创产品交流介绍

学校还特别设置了"劳动周"，内容设计紧密结合劳动课程的特色项目。通过组织学生在劳动周中进行合作、策划与准备，成功举办了五场与"金石篆刻"相关的专题展览。

表4-5　方泰小学劳动周主题与内容

大主题	分主题、内容			
	年级	主题	形式	内　容
金石巧匠劳动聚能	一年级	锲而不舍金石可镂	举办印石展览会	将日常研磨成的各类印石进行展示，介绍各大名石的产地、特性，并进行现场研磨演示及讲解。
	二年级	金石猜猜猜	举办拓印体验展	陈列展示和介绍学生日常的拓印作品。现场演示扑墨拓法和擦墨拓法，邀请来宾体验拓印和装裱。
	三年级	金石巧匠最光荣	举办篆刻作品展	陈列展示和介绍学生合作创作的印章条幅、印屏、扇面等作品，学生现场篆刻以"劳动"为主题的印章。
	四年级	印泥大变装	举办印泥钤印会	现场演示印泥的制作并介绍印泥的原料，用自制的印泥钤印，邀请与会来宾体验。

续 表

大主题	分主题、内容			
金石巧匠劳动聚能	年级	主题	形式	内　　容
	五年级	当金石遇上科技	举办文创义卖会	各班级布置摊位、绘制宣传海报，向全校师生、家长及来宾，出售学生设计制作的金石文创产品，所得善款纳入金石公益基金。

在劳动周的实践过程中，学校鼓励学生深入思考、积极探索，并通过解决现实问题来锻炼其创造力与实践能力。以四年级举办的"印泥钤印会"为例，学生面临的首要挑战是如何吸引嘉宾参与展会，并增强活动的互动性和趣味性。为此，他们精心策划了一项集科学实验、创意设计与趣味游戏于一体的综合展示方案，具体内容是：活动第一天，学生以卡通形象"小泥娃"为灵感，拍摄并制作了一部专题短片，以生动有趣的方式吸引观众的关注，提升活动的吸引力。第二天，学生围绕印泥的关键成分展开实验，分别将提炼出的蓖麻油按照炼制时间长短进行分装，同时将艾绒依据不同重量分类存放，让参与者直观观察这些原材料的物理特性及变化过程。第三天，学生们尝试手工研磨朱砂，并通过搭配多种矿石调制丰富的色彩，在探索色彩变化的同时，进一步增强活动的科学性与实验探索性。第四天，学生结合传统篆刻艺术，动手制作印屏，展现创意与设计能力。第五天，学生推出"印泥变装秀"与"印泥实验室"等互动体验环节，模拟实验员的角色，观察并记录不同配比的蓖麻油和艾绒对印泥最终呈现效果的影响。

此外，依据学生在劳动学习实践中的表现以及在劳动周活动中的综合实践情况，学校特别设立了多项荣誉称号，包括金石劳动巧匠、金石研磨巧匠、金石印泥巧匠、金石拓印巧匠、金石篆刻巧匠、金石文创巧匠和金石服务巧匠等，以激励学生积极参与劳动实践，并在不同劳动技能领域展现个人特长。在具体的评价体系上，首先编制了《"金石巧匠"劳动学习实践手册》，在手册设计中融入表现性评价，以多维度记录和反思学生的劳动学习过程。手册内容涵盖多个板块，包括学习实践评价表（对每个实践项目进行单独评价）、劳动过程记录、劳动成果展示、劳动评价（包含自评、同伴互评、家长评价与教师评价）等，旨在帮助学生系统梳理劳动经历，促进其自主评估能力与劳动素养的提升。其次,学校构建了"'金石巧匠'劳动评价体系"(见表4-6),依据《义务教育劳动课程标准》(2022年版)的要求,围绕劳动素养的核心要素,结合金石文化特色,从"趣"(劳动观念)、"能"(劳动能力)、"创"(劳动精神)、"美"(劳动习惯与品质)四个方面制定分学段的劳动学习评价标准。学生在劳动实践中的具体表现将接受教师评价与自我评价,并根据评价结果获得相应类别的"趣、能、创、美"四类金石印花。累计达到一定数量的印花后,学生将获得"金石巧匠"荣誉称号,以鼓励其持续深化劳动实践与技能提升。最后,学校实行阶段性综合评价机制,在每学期期末通过过程性评价与结果性评价相结合的方式,对学生的劳动课程学习情况及劳动素养发展情况进行系统评估,确保劳动教育的科学性、系统性和有效性,助力学生形成良好的劳动价值观与实践能力。过程性评价结合《"金石巧匠"劳动学习实践手册》的填写记录和学生在"'金石巧匠'劳动评价体系"中获得的印花数量;结果性评价则为考查学生在完成测评任务过程中的表现,结果以等第制评价呈现。

表4-6 "金石巧匠"劳动评价体系

评价维度	一年级	二年级	三年级	四年级	五年级
趣 劳动观念	认识到生活离不开劳动,懂得人人都要劳动的道理,初步体会劳动对日常生活的重要性。	体会劳动的艰辛和快乐,初步形成喜欢劳动、积极参加劳动的态度。	懂得"一分耕耘,一分收获"的道理,知道劳动无高低贵贱之分,尊重劳动和普通劳动者。	主动为身边人提供服务,形成初步的服务意识和社会责任感,主动承担力所能及的劳动。	认识到劳动对家庭幸福、社会进步的意义,初步了解劳动创造财富,感受劳动者的光荣和伟大。
能 劳动能力	了解印石的种类和特性,运用不同目数的砂纸打磨印石。	会用拓印工具,掌握拓印的基本流程,学会石刻图案和文字的拓印、装裱。	学会设计印稿和水印上石,掌握朱文和白文镌刻技艺,制作印章展示作品。	知道印泥制作原料,学习晒蓖麻油、搓艾绒,能将艾草揉入色浆制成印泥。	知道文创设计的基本流程,能应用绘图软件设计,应用数字化设备制作文创产品。

续 表

评价维度	一年级	二年级	三年级	四年级	五年级
创 劳动精神	能在劳动过程中不怕脏、不怕累，做到真金不怕火炼，乐于吃苦。	能在劳动过程中坚持不懈，团队合作，做到互助互爱，金石之交。	形成勤俭节约、不怕困难的精神，做到精诚所至，金石为开。	形成迎难而上，勤于思考，独立自主的精神，做到锲而不舍，金石可镂。	初步形成不畏艰辛、积极探索、追求创新的精神，做到奋发有为，点石成金。
美 劳动习惯与品质	懂得珍惜劳动成果；在劳动过程中遵守劳动纪律和安全规范。	初步养成"自己的事情自己做"、认真负责、有始有终的劳动品质。	在劳动过程中主动遵守劳动纪律，重视安全规范。	养成自觉自愿、认真负责、专心致志、有始有终的劳动品质。	主动承担力所能及的劳动，养成安全劳动、坚持不懈、诚实劳动、合法劳动的品质。

"金石巧匠"劳动课程的实施，进一步深化学校传统特色项目打造，成为学校劳动教育的有效载体，形成了劳动课程校本化实施的最佳途径。学校90%以上学生来自全国二十多个省、自治区、直辖市，他们天真质朴、乐观向上，动手实践能力、生活自理能力和环境适应能力普遍较强。在劳动课程实施过程中，他们热爱劳动，不娇气、不任性、能吃苦，形成"人人有岗位、个个爱劳动"的良好氛围。"金石篆刻"源于美育，学生在生活美、艺术美的精神引领下进行劳动创造，既能提高审美能力、加强审美认知，更能养成劳动意识，获得劳动技能。

（四）"小石头炼成记"主题式综合活动课程

学校充分考虑低年级儿童的实际情况，开发出满足其发展需求，适宜其未来成长的小学低年级主题式综合活动课程，与他们的幼儿园生活主动对接，实现有效的"小幼衔接"。

1. 课程目标：学校以"点石成金"为课程总目标，"点石成金"即让每一位方小儿童在经历主题式综合活动的过程中，逐渐发现和发展自己的闪光点，参与并融入社会，亲近并探索自然、文化。同时,能够不断完善自我,提升综合素养,产生融入嘉定新城及上海城市生活的自信心。最终炼成"修美言、习美慧、养美趣、励美情"的方小学子特质,使自己如石头般坚韧质朴,如金子般闪闪发光,从而为五育并举、融合发展及可持续性的终身发展打下坚实的基础。

依据"我与自己""我与社会""我与自然"三个领域,以方小儿童的发展经历为情境,将中华传统文化作为主线,设置"欢乐成长篇""缤纷实践篇""神奇探索篇"三大板块,具体目标包括:

欢乐成长篇——认识自己、管理自己、表达自己。

——体悟从幼儿园到小学生活、学习和环境等方面的变化,具备一定的自理能力,初步养成良好的生活习惯和学习习惯,形成一定的安全意识,逐渐适应小学的学习和生活;

——初步认识和了解不一样的自己,发现自己的兴趣爱好,积极参与各项有益身心健康的活动,知道运动对身体的益处,感受运动带来的快乐,养成良好的运动习惯;

——乐于用图画、实物、语言、文字、肢体动作或艺术等多元化的形式表达自己的需求、情绪、感受和想象,展现个性,彰显自信。

缤纷实践篇——遵守规则、乐于交往、懂得关爱。

——了解并喜爱自己的家庭,适应并喜欢学校生活,熟悉并融入社区及城市环境,初步理解并遵守社会公德和行为规范,形成一定的社会责任感;

——关注周围的人和事,运用适切的方法与家人师长沟通交往、与伙伴友好相处,善于合作,文明礼貌,诚信待人;

——自尊自信,关心尊重他人,积极参与班级和学校的活动,并力所能及地参与社区服务,初步形成对所在群体的归属感。

神奇探索篇——喜欢提问、敢于尝试、亲近自然。

——对自然世界产生强烈的好奇心,善于观察,勤于思考,并乐于在生活中发现问题、提出问题,具有一定的问题意识;

——亲近自然,热爱科学,关注并探索日常生活与自然环境中自己感兴趣的现象及其基本规律,乐于表达与尝试个人想法和创意,能够运用感官及简单工具进行观察、

测量、调查、实验和记录;

——在生活与自然环境中发现美、感受美、欣赏美,珍爱周围的动植物,深刻体会环境保护的重要性,深入理解"绿水青山就是金山银山"的核心理念,明确生态保护与资源节约需从自身做起、从当下践行,树立环保意识并付诸实践。

2. 课程内容:基于课程目标,结合低年级儿童学情和实际需求,遵循其认知规律,整合和利用优质资源,在"欢乐成长篇""缤纷实践篇""神奇探索篇"三大板块下分别设置4个主题站点(共12个主题站点),儿童通过经历每个站点的若干活动,完成站点打卡。亲历主题式综合活动使每一位儿童得到成长和发展,这俨然一部《小石头炼成记》。

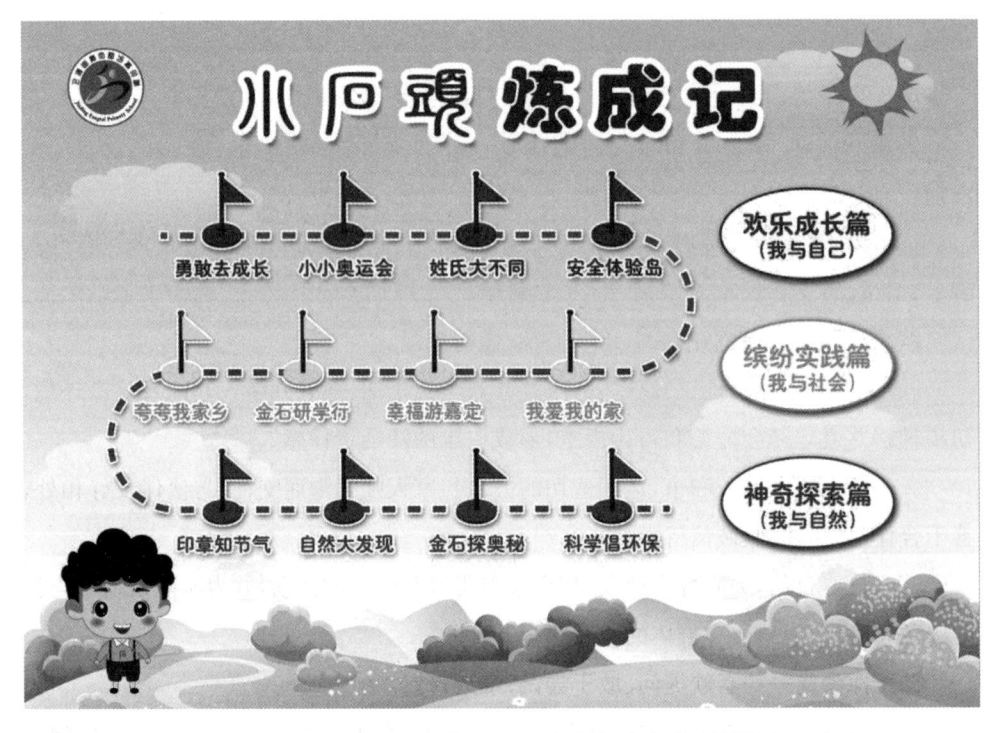

图4-18 "小石头炼成记"主题式综合活动课程结构图

具体内容如表4-7。

表4-7 "小石头炼成记"主题式综合活动课程内容

领域	主题	主题描述	年级	活动	课时
欢乐成长篇（我与自己）	勇敢去成长	以低年级儿童的成长变化为主线，从适应新的学习、生活环境、学习任务等方面入手，通过开展互动讨论、模拟游戏、制作课程表、学做家务等活动，帮助儿童认识自身在进入小学以来出现的变化，发现自己在成长过程中的收获，感受成长带来的喜悦。	一年级	开心做课表 文明过课间 轻松上厕所	6
			二年级	家务小能手 彩笔绘校园 成长我最棒	6
	小小奥运会	以各类中华传统体育项目为载体，引导儿童积极参与有益健康的运动，并在活动中渗透音乐表现、交流讨论、动手制作、记录统计等要求，帮助他们养成良好的运动习惯，感受运动带来的快乐。	一年级	认识奥运印 铁环大冒险 毽子来比拼	6
			二年级	冬奥图标印 奇趣小沙包 巧玩呼啦圈	6
	姓氏大不同	从学校的"百姓墙"上认识和欣赏自己姓氏的篆体字，寻找和认识与自己同姓的伙伴，相互介绍，相互认识。认识学校的金石评价的"趣能创美劳"五种金石印花。使其对汉字产生兴趣，结合我校的"金石文化"校本特色，通过不同形式，帮助儿童了解中国的姓氏，知道汉字的演变，感受中国传统文化的魅力，对汉字产生兴趣，养成良好的学习习惯和优秀品质。	一年级	探访百姓墙 同姓小伙伴 印花我来识	6
			二年级	可爱甲骨文 篆字我欣赏 汉字真奇妙	6
	安全体验岛	以儿童身边常见的安全问题为抓手，游览校园安全岛，从消防安全、交通安全、校园安全等方面入手，开展参观、讨论、观察实验、模拟游戏等活动，帮助低年级儿童提高安全意识和自我保护的能力，引导他们用正确积极的方法和心态应对危险，感受生命的珍贵。	一年级	愤怒的火娃 舌尖的危险 平安过马路	6
			二年级	神秘消防队 交规生命线 校园小警钟	6

续 表

领域	主题	主题描述	年级	活动	课时
缤纷实践篇（我与社会）	我爱我的家	以儿童的社会关系为载体，从儿童最熟悉的家人入手，从认识"小家"过渡到对班集体、校园、社区等"大家"的了解，开展参观讨论、vlog视频拍摄、模拟游戏、绘画等活动，加深儿童对于所在的群体的亲密程度，促其进一步社会化，并形成主人翁意识、责任感和规则意识。	一年级	种下家庭树 小学的生活 校园的地图	6
			二年级	种下班级树 大家来做客 社区是一家	6
	幸福游嘉定	从"教化嘉定""科技嘉定""汽车嘉定""宜居嘉定"这四个嘉定最具代表性的特点入手，开展讲故事、绘画、亲身体验等活动，帮助儿童了解自己生活的城市，爱上嘉定，为自己生活在嘉定而感到自豪。	一年级	孔庙开笔礼 极速探赛道 春日赏紫藤	12
			二年级	悠悠法华塔 科技梦工厂 古猗品小笼	12
	金石研学行	读万卷书，行万里路，"金石研学行"带领儿童走出校园，走进一系列书法与金石文化相关的文化场馆，帮助儿童开拓视野，提升综合素养；以遵守规则、乐于交往、懂得关爱为导向，帮助他们养成合作意识和规则意识。引导儿童了解、体验和感悟真实世界。	一年级	方小金石苑 明止堂古字砖博物馆	8
			二年级	韩天衡美术馆 吴昌硕纪念馆	8
	夸夸我家乡	欣赏全国不同地方的印石，并寻找自己家乡出产的印石，使儿童对家乡产生兴趣。鼓励和引导儿童进一步了解自己家乡的风景名胜和风土人情、节日习俗，再介绍给自己的伙伴，培养儿童的探究意识，并对家乡产生自豪感。	一年级	印石大展览 印石从哪来 找找我家乡	6
			二年级	美食大搜索 风景与名胜 独特的习俗	6

续 表

领域	主题	主题描述	年级	活动	课时
神奇探索篇（我与自然）	印章知节气	立足于儿童身心发展的特点,将节气文化与学校的金石文化有机结合,以校园为载体,通过创设情景,采用动手实践装饰节气印,以及合作交流、创意表达等多种形式,开展一系列有趣的活动。让儿童学习不同节气的特点和乐趣,感受自然界的无穷魅力。	一年级	立春万物生 惊蛰启春耕 立夏趣味多	6
			二年级	谷雨知时节 立秋庆丰收 冬至大如年	6
	自然大发现	以儿童身边各种有趣的自然现象为载体,引导儿童关注自然,亲近科学,通过创设不同的活动情境激发儿童的好奇心和求知欲,使其全方位地观察、实践和体验,并能用多样化的、富有创意的形式表达自己的学习成果,从而产生科学兴趣和问题意识,养成仔细观察、积极思维的习惯。	一年级	风的小秘密 五彩的光影 奇怪的静电	6
			二年级	多变小雨滴 空气的力量 探访古银杏	6
	金石探奥秘	从篆刻的历史、篆字的特点、篆刻趣味实践等方面入手,开展讨论、游戏、篆刻、趣味竞赛等活动,引导儿童初步了解金石文化的产生和演变历史,以及其与社会发展的关系,培养儿童对金石文化的兴趣,在认识和探索中发现美、感受美、欣赏美,感受金石文化的独特魅力。	一年级	印文我欣赏 印章怎么刻 校园的印迹	6
			二年级	我的姓名印 十二生肖印 小小篆刻家	6
	科学倡环保	欣赏全国不同地方的印石,并寻找自己家乡出产的印石,使儿童对家乡产生兴趣。鼓励和引导儿童进一步了解自己家乡的风景名胜和风土人情、节日习俗,再介绍给自己的伙伴,培养儿童的探究意识,并对家乡产生自豪感。	一年级	生命的源泉 纸的再利用 可怕的雾霾	6
			二年级	酸雨破坏者 垃圾巧分类 环保小搭档	6

3. 组织实施：

(1) 依托学校特色，实现课程整合。

在依托学校现有的金石文化特色课程的同时，将专题教育、社区服务、社会实践、探究活动等有机整合，并充分开发和挖掘校内外各类活动资源，从而凸显学校金石文化特色，体现嘉定教化、活力、创新特质，形成遵循儿童立场，丰富儿童经历，关注儿童长远发展的"点石成金"主题式综合活动课程。

(2) 加强主题统整，讲求纵横开阖。

充分遵循小学低年级儿童的认知规律和心理特点，在"我与自己""我与社会""我与自然"三大领域下设计系列主题式综合活动，强调以主题统整活动。在主题统整活动的设计中，基于以下原则："纵"——活动之间呈现同一目标与内容的逐步递进；"横"——实现同一主题下跨领域延展；"开"——运用开放的活动时间、活动空间、活动资源和活动评价；"合"——体现活动资源的整合、活动内容的融合，聚焦活动的育人价值、核心素养培育和学校育人目标的实现。

(3) 丰富活动形式，优化活动环境。

倡导体验、合作和探究的学习方式，引导儿童在家庭、校园、社区和社会环境、自然环境中感受体验、亲历实践和自主探究，逐步形成"观察—探究—发现"的学习方式。结合三大领域下各个主题的特点，以个体探究活动、小组合作活动和班级、年级团体活动为组织形式，增强儿童的体验和感知，着力打造最有趣、最适宜、最受儿童喜爱的主题式综合活动。此外，重视主题式综合活动开展的环境创设与优化，改变传统的小学课堂模式和环境。根据活动需求，利用好校内外的场地资源，配备相应的设施与材料，引导儿童参与，共同创设符合儿童心理和认知特点的、便于活动开展的活动环境。

从方泰小学的金石文化育人实践来看，金石文化已然贯穿于学校建设的方方面面之中，然而从育人投入最为丰富、育人系统最为完善、育人效果最为凸显的领域来看，围绕金石文化建设的一系列课程安排是学校文化育人的重中之重。作为深化教育改革、培育学生"核心素养"的关键路径，旨在构建一个以学生为中心，促进其全面发展与终身学习的教育生态体系。这一过程不仅是对传统课程设置的重新审视与整合，更是对教育理念的一次深刻变革，强调课程应紧密围绕学生生命成长的本真需求，促进其内在潜能的挖掘与综合素质的全面提升。在这一目标的引领下，课程不再仅仅是知识的传授与技能的训练，而是成为学生探索自我、理解世界、塑造价值观的桥梁。它关注学生作为完整个体的成长过程，强调情感、态度、价值观与知识技能的有机融合，致力于培养具有创新精神、批判性思维、社会责任感和良好人文素养的未来公民。

通过对方泰小学"金石篆刻"校本课程到"大美金石"综合课程等一系列课程的系统梳理可以发现，学校以其独特的教学内容和方法，将金石系列课程有机贯彻金石育人的核心价值，为学校金石文化育人生态打造了一项核心竞争力。从课程特色来看，课程不仅注重传统技艺的传授，更强调学生的创新能力和实践应用。这些特色包括——

1. 理论与实践结合：课程不仅包含理论讲授，还强调实践操作，让学生在动手中学习，从而更深刻地理解和掌握金石篆刻技艺。

2. 整体与阶段互生：课程在整体设计的基础上，还能根据学生的年龄和认知水平，分阶段、分年级设置教学内容，确保学生能够循序渐进地学习和掌握金石文化的相关知识内涵。

3. 文化与创新并重：课程在传授传统金石知识技能，浸润金石文化的同时，鼓励学生发挥创新思维，提升创造能力，设计和制作具有个人特色的金石文创产品等一系列创新类作品，在传承优秀传统文化上做到守正创新。

4. 互动与合作共立：课程鼓励学生之间的交流与合作，以及与专家、社会人士的互动，提高团队协作能力，拓宽视野，提升学习效果。

5. 实践与应用共存：课程强调将金石篆刻技艺应用于实际生活中，解决生活中遇到的实际问题，增强学生的实际应用能力，让学生的学习和创作更具有现实意义。

通过这些课程的实施，学校为学生提供了一个深入了解和体验中国传统文化的平台，不仅丰富了学校的教育内容，也为学生的全面发展和传统文化的传承贡献了力量。

二、打造温馨包容的评价体系

在方泰小学，打造温馨包容的评价体系不仅是金石文化建构的鲜明特色，也是推动学校全面发展、促进师生共同成长的重要基石。这一评价文化深深植根于学校的每一个角落,贯穿于对学生、教师及课程的全方位评价之中,强调三者之间的和谐共生与相互促进,旨在营造一个和谐、积极、向上的教育环境,促进师生共同成长和学校全面发展。

其中,在学生评价方面,学校致力于构建一个既严格又充满关爱与鼓励的评价体系。在评价过程中,注重发掘学生的闪光点,鼓励他们在自己擅长的领域追求卓越,同时也不忽视对他们在薄弱环节的关注与引导。通过采用多元化、过程性的评价方式,如观察记录、作品展示、口头报告、同伴评价等,全面、客观地评估学生的综合素质。此外,还鼓励学生进行自我反思与自我评价,培养他们的自我认知能力和自我管理能力,让他们在评价过程中不断成长与进步。

学生评价作为评价体系建构的核心,关注到学生成长的方方面面。方泰小学基于"金石文化"办学特色,从学生"学习素养""品行素养""生活素养""兴趣素养"等出发,围绕"趣、能、创、美"四个方面,采用"金石印花"评价与"金石奖章"奖励相结合的形式,打造校本"金石少年"评价体系。

一是开展印花式过程性评价。"金石少年"评价体系以发放"金石印花"为主要形式对学生进行评价,对应的金石印花包括"趣、能、创、美"等四种印花。

图4-19 "趣、能、创、美"金石印花

评价内容如下表4-8至表4-11所示。

表4-8 "金石少年"评价表(学习素养评价)

评价维度	金石印花	评价内容
学习兴趣	趣	学习兴趣浓厚,能积极主动参与学习,求知欲强;能认识自我的优缺点,有健康的价值取向;坚定理想信念,具有国家意识和社会责任意识。

续 表

评价维度	金石印花	评 价 内 容
学习习惯	能	认真听讲,主动发言,能与同伴合作,按时完成学习任务;具有逻辑思维、判断质疑、动手操作等能力;养成良好的道德规范和文明礼仪。
学业成果	创	积极思考,及时反思,敢于提出问题和解决问题;具有一定的信息应用与创新能力;勤于积累,善于探究,能自我管理、教育和评价。
学业成果	美	在形象、语言、行为、心灵等方面有美的表现;具备对美的认知、体验、感受、欣赏与创造能力,并拥有高尚的审美理想、情操。

表4-9 "金石少年"评价表(品行素养评价)

评价维度	金石印花	评 价 内 容
心理品质	趣	具有积极乐观向上的心理,有克服困难的信心和勇气。尊重自我,坚定自信,追求独立与自强,同时怀有深厚的情感认同,涵盖对家庭、家乡、集体、人民及祖国的热爱,并具备服务社会、奉献公益的精神意识。
行为准则	能	尊敬师长,团结同学,懂得基本的做人道理,形成必要的处事能力。遵守校纪校规、公共秩序,养成良好的行为习惯。在各类行规评选中表现突出。
个人价值	创	能挖掘学习生活中的素材,积极创作、传唱"方小行规新童谣"。能在集体生活中做出自己的贡献,凸显自己的价值。
辨别能力	美	仪容仪表整洁,言行举止文明,为人诚实守信,有爱心,肯付出。树立正确的人生观、价值观,有强烈的正义感,具备初步的明辨是非美丑的能力。

表4-10 "金石少年"评价表(生活素养评价)

评价维度	金石印花	评 价 内 容
热爱生活	趣	热爱生活,悦纳自己,自信自爱,坚韧乐观。养成良好的生活习惯,建立和维持良好的人际关系,对社会、自然有正确的认识。

续 表

评价维度	金石印花	评价内容
健康生活	能	热爱劳动,掌握一定的劳动技能。具有安全意识和自我保护能力,养成健康文明的生活方式,努力达到视力达标,体质强健。
创造生活	创	勇于实践,敢于探究,勇于创新,积极参加实践活动,尝试用所学的知识解决生活中的问题,具有改进和创新劳动方式的意识和能力。
美好生活	美	爱护自然,关心社会环境,掌握绿色生活方式。能将形成的道德情感用于社会实践中,在实践中达成对于美好和高尚情操的追求和向往,在生活中拓展和升华美,提升生活品质。

表4-11 "金石少年"评价表(兴趣素养评价)

评价维度	金石印花	评价内容
兴趣爱好	趣	具备高尚而不粗俗的爱好,对艺术、科学、体育等领域抱有较高的兴趣,愿意尝试其中某一项的学习。
综合能力	能	围绕"五有"(篆刻、跳踢、悦读、审美、自理),拥有一项或多项兴趣爱好,并为此付出努力,掌握一定的知识技能,具有生成和创造美的能力。
创意表现	创	具有兴趣表达和创意表现的意识和能力,敢于展现自己的个性特长,积极参与各类展示、比赛活动,为集体争得荣誉,并感受到成功的喜悦。
审美品质	美	完成从有趣—乐趣—志趣的跨越,形成健康的审美价值取向,学会感知美、善于发现美、体验美、理解美,在对生活、自然、科学、艺术的欣赏中,受到美的熏陶。

在课内,教师根据学生在课堂教学中的表现,围绕"趣能创美"四个维度,给予相应的金石印花奖励(例如:某同学在数学课上提出了不同的演算方法,有积极思考、创新的表现,教师及时表彰,根据评价内容,奖励某同学一枚"创"字印花)。在课外,根据学生在实践活动、展演比赛等方面的表现,由教师、家长、社会人士给予相应的金石印花奖励。每周一次,由班主任利用一节午会课时间,汇总班级学生本周的金石印花获得

情况，进行一周的"金石评价"点评，对下周评价进行激励、动员。学生将印花带回家给家长，家长用手机扫描二维码，记录评价结果。

二是进行奖章式结果性评价。即每月评出"金石之星"，每学期评出"金石少年"。

金石之星：当月获得五张"金石印花"且集齐"趣能创美"四个维度的学生，成为月度"金石之星"，通过红领巾广播宣传他们的先进事迹，在升旗仪式上进行表彰，颁发"金石之星"奖章和证书，享受"实物奖励""心愿奖励"二选一。"实物奖励"如一个漂亮的文具盒、一盒彩色笔、一个精美的水杯，等等。"心愿奖励"如和校长共进午餐、在小剧场看一场动画片、得到美术老师的一幅画，等等。

金石少年：一个学期内，获得两次以上"金石之星"称号的学生，当选本学期"金石少年"，颁发"金石少年"金质奖章和证书。为荣获"金石少年"称号的学生制作精美的电子宣传版面，通过学校微信公众号、互联网、钉钉等平台，宣传他们的先进事迹。组织"金石少年"和家长参加"金石文化研学之旅"。

图 4-20　金石之星、金石少年奖章

"金石少年"评价方式全面、科学地对学生进行了综合评价，促进了学生德智体美劳全面发展，引导学生"储存"自己课内外学习生活中的每一次经历，主动参与品行的培养提升，提升了学生自主管理和自我教育能力，激发了积极向上的进取心，助力了良好的学风、班风和校风的形成。

（一）整合过程性评价与终结性评价

在教育教学评价体系中，过程性评价与终结性评价的结合构成了评价的核心框架。过程性评价主要关注学生在日常学习中的表现,强调即时反馈和动态调整。例如,当学生在课堂上积极参与讨论时,教师会立即授予"能"标识;当学生主动捡起地上的废纸时,会获得"美"标识;当学生的美术作品被展示时,会得到"创"标识。这种评价方式贯穿于学生的日常学习生活中,具有显著的时效性和动态性。终结性评价则是对某一阶段教学成果的总结性评估,通常以单元或学期为单位进行。例如,在阶段性测试后,学业成绩优异或进步显著的学生会获得"能"标识;行为习惯改善者(如连续一周按时到校)会获得"趣"标识;为班级文化建设作出贡献者(如参与黑板报设计)会获得"美"标识。过程性评价与终结性评价的结合,不仅能够帮助学生及时了解自身的学习状况,还能为其提供明确的发展方向,从而优化学习策略。

(二) 定量评价与定性评价的互补机制

在评价体系中,定量评价与定性评价的互补起着重要作用。定量评价主要依托量化数据,对学生的学习表现进行客观测量,具有高度的标准化和可操作性。例如,学生在听写测试中取得满分时,将获得相应的印花;课外阅读量达到既定标准后,同样会获得记录,而超额完成者则可获得额外奖励。相较而言,定性评价更关注学生在"质"的层面上的发展,尤其在学习态度、行为习惯及兴趣培养等非认知领域具有独特优势。定性评价的呈现方式灵活多样,如课堂表现的口头评价、基于评价标准的印花授予等。这种定量与定性相结合的评价方式,既保证了评价的客观性,又兼顾了学生发展的全面性,能够更全面地反映学生的成长轨迹。

(三) 群体评价与个体评价的协同作用

群体评价和个体评价的结合是评价体系中的另一重要维度。群体评价主要针对学生整体的表现进行评估,既适用于正式的能力评估(如学习能力、情感态度、协作能力等),也可用于非正式的特征分析,为教师调整教学策略提供依据。例如,在班级组织的团体活动或小组竞赛中,教师通过观察学生的协作、交流等表现进行整体评定,并授予相应印花。个体评价则更具针对性,涵盖学生的兴趣特长、行为习惯等多个维度,每个维度都有相应的印花奖励机制。这种群体与个体相结合的评价模式,既培养了学生的团队协作精神,又促进了个人能力的全面发展,能够有效提升学生的综合素质。

(四) 多元主体参与的评价方式

传统的单一教师评价模式已发展为教师、学生(包括自评与互评)、家长共同参与的多元评价体系。教师评价涵盖课堂表现、行为规范、作业完成等多个维度,依据"趣、能、创、美"的评价标准,确保评价的公平性与及时性。学生自评通过成长档案册等载体,促进学生自我反思与总结;同伴互评则增强了评价的客观性,如小组活动中的积分记录机制。家长评价关注学生在家庭环境中的表现,如家务参与、课外阅读、体育锻炼等,通过日常记录与定期统计,形成家校联动的评价闭环。这种多主体参与的评价方式,不仅能够全面反映学生的成长状况,还能有效促进家校合作,提升评价的科学性和有效性。

通过上述四个维度的评价体系整合,构建了全面而多层次的教育评价框架。过程性评价与终结性评价相结合,确保了评价的动态监测与总结反思;定量分析与定性判断相互补充,兼顾了数据的客观性与评价的全面性;群体评价与个体评价协同并进,既促进了学生团队意识的培养,又推动了个体能力的发展;多主体参与的评价机制,则进一步提升了评价的科学性与公正性。整体而言,构建综合性评价体系不仅有助于学生的全面成长,也能为教育教学改革与优化提供可靠的决策依据。

三、开展生动活泼的校园活动

校园文化活动不仅是方泰小学活力与魅力的展现窗口,更是其金石文化精髓得以深入传承与广泛贯通的关键场域。学校精心策划,围绕独特的金石文化特色,构建了一系列丰富多彩、形式多样的活动文化形态,旨在通过实践体验,加深师生对金石文化的理解与热爱。

校园文化活动不仅是学生深入理解学校文化精髓、将抽象的文化理念转化为具体实践行为的重要途径,也是构建和丰富学校文化生态不可或缺的一环。相较于那些体系完整、结构严谨的正式课程,校园活动有着内容丰富性、场域多样性以及体验多元性等显著优势。它不仅仅属于学校文化生态中的行为文化范畴,更以其生动活泼、贴近生活的特性,弥补了课程文化与评价文化在激发学生兴趣、促进文化实践方面的不足。

在方泰小学,金石文化生态的构建与弘扬,正是得益于一系列独具匠心、充满创意的金石文化活动设计。这些设计不仅让金石文化在校园内生根发芽,更使其成为学校文化的一张闪亮名片。从活动的整体布局与架构来看,学校巧妙地运用了周期性活动与持续性活动相结合的方式,精心策划并编排了一系列既具有深刻内涵又覆盖广泛领域的文化活动,旨在确保金石文化的精髓能够全方位、多角度地渗透到学校的每一个角落,让每一位师生都能感受到金石文化的独特魅力。具体来说,这些活动主要由"金石文化节""金石文化研学之旅"以及"金石主题篆刻活动"三大部分构成。

其中,"金石文化节"作为年度盛会,通过丰富多彩的展览、比赛、讲座等形式,集中展示了金石文化的悠久历史与独特魅力,为学生提供一个深入了解与亲身体验金石文化的平台;"金石文化研学之旅"则通过组织学生前往金石文化遗址、博物馆等地进行实地考察与学习,让学生近距离感受金石文化的厚重与辉煌,同时结合专家讲解与互动体验,加深了对金石文化的理解与认识;"金石主题篆刻活动"则是以篆刻这一传统艺术形式为载体,引导学生们围绕主题,通过亲手创作篆刻作品,将金石文化的精髓融入自己的作品之中,既锻炼了学生的艺术修养与动手能力,又促进了金石文化的传承与发展。通过这些活动的持续开展,学校的金石文化生态得以不断壮大与完善,为学校的文化建设注入了新的活力与动力。

(一) 金石文化节

金石文化节,作为学校最具校本特色的集中性活动,它不仅是一次文化的盛宴,更是一次心灵的洗礼。文化节激发学生对金石艺术的创作热情与匠心追求,引导学生深入探索金石背后的故事与价值,使他们在动手实践中进一步接受以金石文化为代表的传统文化的熏陶,感受其独特的魅力与深远的意义。

金石文化节的活动目的是使学生充分认识到,金石文化是我国传统文化的瑰宝,有着极高的地位和价值,学生能够自觉承担起传承发展金石文化的责任,体会金石之美、享受金石乐趣。围绕"方寸之间　尽显大美"等主题,在每年为期一个月的时间里,师生共同开启一段美妙的金石文化之旅。例如,通过"仓颉造字"的故事了解最早的文字形式——结绳、图画、八卦和书契等,在"甲骨文发现板块",学生掌握基本的甲骨文字形,用甲骨文、篆体、楷书、行书等字体设计汉字的不同表现形式。又如各个年级开展了特色篆刻主题活动:一年级学生的篆刻主题为"篆字猜猜猜",比一比,赛一赛,谁是猜字小能手;二年级学生的活动主题为"篆字写一写",学生进行篆字的撰写创作,在班级中进行互动评选;三年级活动主题为"篆字画",学生将中队名称创写成篆字,并结合中队名,绘出主题画,创作出图文并茂的篆字画,培养学生强烈的集体荣誉感与集体意识;四年级的活动主题为"金石小报",学生可选特定主题进行更大自由度的创作,内容涵盖金石知识介绍,金石家故事,印章赏析,"我的第一篆"等;五年级学生的活动主题为"印屏评比展示",学生以班级为单位,完成一幅有主题的印屏作品,内有班级学生6—8枚相关印章,这些印章由学生们自主选择自己设计。

学校还将金石文化浸润与学科知识学习相结合,创新"金石文化节"的内容形式,例如以学校吉祥物"小石头"为主人公,设计"小石头带你研汉字""小石头带你游世界""小石头带你探农业""小石头带你享运动"四个板块,有效地实践了学校的文化活动育人路径。

1. "小石头带你研汉字":全体学生经历了一场穿越时空的奇妙汉字之旅,层层深入,探寻汉字的源头和演变历程。学生在前期已经对文字的演变有了大概的了解,随之在"汉字为什么会变"主驱动问题之下,各年级设计相关子问题,聚焦文化自信、文化理解、创意实践、审美创造等核心素养,分年级开展学习实践,并以丰富多彩的形式呈现学习成果。其中一年级围绕"汉字的小时候",引导学生了解甲骨文的由来、变迁与发展,从甲骨文的用途、造字方法等方面激发学生对汉字与中国传统文化的兴趣;二年级围绕"金灿灿的文字"对篆刻铭文进行了集中学习,围绕金文的样态、意义、价值等进行了探讨;三年级围绕"图文说文字"对隶书文字进行了详细的了解;四年级围绕"文字的足迹"探寻了汉字变迁发展的历程,学生围绕时代变迁、生活方式变化等进行了主题式研究与展示。

2. "小石头带你游世界":以"音乐无国界,如何通过音乐认识世界"为驱动性问题开展"小石头带你游世界"跨学科项目化学习活动,引导学生在体验中学习、在实践中运用、在迁移中创新,深入探索认识世界。一年级学生通过调查、欣赏,了解不同国家风格各异的音乐舞曲和传统服饰,同时学习不同国家的常用问候语,举办了一场富有童趣的服装走秀表演。二年级学生运用喜欢的方式深入探索各大洲的历史、地理、民俗,而后基于自己的认识与理解制作体现各大洲特色的创意作品。三年级学生认识各国的国旗、名胜古迹和特有的动物,感受不同国家的风土人情,以小组合作的方式进行创意小报设计与制作、展示。四年级以"Happy English, Happy Song"的形式,引导学生运用听、读、看、唱等方式发现音乐之美和英语之趣。学生搭乘"金石航班"游览世界,以不同形式展现学习成果,给予学生更多走近世界、感知文化的学习经历。

3."小石头带你探农业":以"如何让农作物更好地生长,更好地为人类的生活服务"为驱动性问题,结合劳动、科学等学科,开展了"小石头带你探农业"跨学科项目化学习。一年级的项目"蚕宝宝养成行动",将数学和自然知识融合在一起,通过观察蚕宝宝的成长,依据学习单进行数学测量记录。二年级进行"青菜保护行动",探究酸雨对青菜生长的影响,学生借助学习支架了解酸雨知识,学习用食醋配置模拟的酸雨溶液,学会用pH试纸检测酸雨酸碱度。用食醋调制"酸雨"溶液,喷洒在青菜的叶片上,做好青菜生长情况的记录,并探寻其中的规律。三年级学生基于现实生活中"健康饮食"这一热点话题,探究了中国膳食营养金字塔,了解各类食物的热量值,并通过计算,为家人设计营养丰富、搭配合理的菜单,亲手尝试烹饪。四年级开展"未来农场行动"项目探究,了解了雨量器的构造和作用,使用废旧的饮料瓶制作简易的雨量器模型。实地测量若干次的降雨量,制作成相应的折线统计图,借此推测该季度的雨量,从而分析适合种植的农作物。活动有效激发了学生对于农业的兴趣,引导学生综合运用数学、科学、劳动等学科知识探索农业的奥秘,提升解决真实问题的能力。

4."小石头带你享运动":以"为什么在体育活动中需要合作精神"为驱动性问题,合作设计实施"小石头带你享运动"跨学科项目化学习,分年级开展心理运动会,引导学生探索体育运动中合作的重要意义。一年级组成了十一支参赛队,进行了"一起向前冲"分组比拼。二年级学生参加了"你我同行"接力比赛,配合默契,全力以赴,展现出了积极向上的团队精神。三年级进行了"携手共进"比赛,彰显了团队合作的魅力。四年级组成了七支队伍进行了"手拉手穿行"团队比赛,学生齐心协力,奋力穿行,展现了极强的凝聚力。此次"小石头享运动"跨学科项目化学习,将心理、体育与健康的学科内涵有效融合,从双人合作到多人合作、团队合作,促进学生团队意识与合作能力的培养。

(二)金石文化研学之旅

金石文化研学之旅(以下简称"金石研学行"),是将课堂教学与实地学习完美融合的一次尝试。从整体架构来看,学校立足文化特色进行整体规划,细致规划制定了"金石文化研学之旅"社会实践活动方案。

金石研学行细致设计了各年级学生参与研学旅行的具体安排,精心挑选了富含金石文化底蕴的地点作为实践探索的基地。学校配备师资与教学资源,明确了每一次研学中学生需要完成的学习任务和探索目标,确保每位学生都能在这一过程中获得实质性的收获与成长。活动激励广大学生勇敢地走出传统课堂的束缚,迈出校园的大门,去亲身感受金石文化的鲜活生命,去近距离观察社会的多元面貌,在社会的历练中丰富知识,以培养出更加全面、更加立体的世界观与人生观。研学之旅通过实践的方式,切实提高学生的社会实践能力和综合素质,让学生亲身体验金石文化的魅力,在文化的碰撞与交流中激发出创新的火花,锻炼出坚实的实践能力。学生能够在探索与实践中不断提高自身的创新精神和实践能力,同时树立起强烈的社会责任感。

金石研学行挖掘了明止堂古字砖博物馆、韩天衡美术馆、吴昌硕纪念馆、笔墨博物馆等场馆资源,开展博物馆现场教学活动,邀请博物馆工作人员结合馆内的丰富的展品,以讲授、互动的形式,带领学生及家长品味绚丽多彩的传统文化,感受博大精深的文化底蕴。学校推出了分年级、分时段、分场所的研学之旅活动菜单,邀请家长、社会热心人士共同参与,做到课堂内外、线上线下、家庭社会全面整合。学生在活动前,了解博物馆课程的主要内容;在活动中,根据课程目标及要求,开展"寻宝""探索""互动"等精彩活动;活动后,孩子们和家长一起回顾总结,发布活动日记,上传研学成果,填写研学手册,完成相关的学习任务。

表4-12 方泰小学金石文化研学之旅一览表

课程主题	选课对象	场馆安排	课时安排
知校史,访古砖,研文化	一年级(上)	校金石馆、明止堂古字砖博物馆	8课时
复古为新 一生殉道	一年级(下)	陆俨少艺术院	6课时
访先贤,品印韵,承文化	二年级(上)	吴昌硕纪念馆	6课时
行不逾矩 海纳百川	二年级(下)	韩天衡美术馆	6课时
寸管作舟 墨海扬波	三年级(上)	上海笔墨博物馆	6课时
与历史对话 悟人生真谛	三年级(下)	上海博物馆	6课时
历史之思 现实之情	四年级(上)	中华艺术宫	6课时
文心至美 铁笔纵横	四年级(下)	吴颐人艺术世界	6课时
诗心造印 融古出新	五年级(上)	平湖玺印篆刻博物馆	6课时
朱印神采 传承弘扬	五年级(下)	国宝鲁庵印泥制作技艺传习所	6课时

图 4-21 《金石文化研学手册》

图 4-22 师生参加金石文化研学活动

(三) 金石主题篆刻活动

金石主题篆刻活动,是方泰小学积极响应国家文化育人、教育树人号召的具体实践。学校围绕"核心价值观在我心""平语近人""我爱我的祖国"等主题,开展了一系列独具特色的主题篆刻活动,引导学生们以金石为媒,以篆刻为笔,将自己的情感与思想镌刻于金石之上,既锻炼了他们的技艺,又陶冶了他们的情操。同时,学校还以金石为主题,鼓励学生们在日常生活中寻找并发现身边的金石文化元素,将金石融入日常生活之中,通过征集"小石头"文创作品,形成了"小石头带你游家乡""小石头带你学行规"等一系列富有创意与趣味性的活动,进一步丰富了金石文化的内涵与外延,让金石文化在学生的心中生根发芽,开花结果。

以"平语近人——习近平总书记用典篆刻主题活动"为例,学校坚定立德树人导向,紧跟时代发展脉搏,将教书育人的责任与学校金石特色相结合,举全校师生之力共同就总书记所引用的古代典籍和经典名句进行细致学习、摘录,精雕细琢将其制成篆刻印章,旨在推动习近平新时代中国特色社会主义思想的生动阐释与广泛传播。最终制成的篆刻印谱中包含 36 句经典名言,镌刻在印章上的文字优美、典雅、大气,师生在篆刻的过程中思想意识得到了显著提升。

图 4-23　平语近人——习近平总书记用典篆刻印谱

在社会主义核心价值观落细落小落实主题活动中,学校所展现出的,正是以中华优秀传统文化金石篆刻为载体,在文化传承中将社会主义核心价值观落细落小落实。由学生设计篆刻的"文明""爱国""友善"等社会主义核心价值观系列印章,制成印屏、团扇、横幅等艺术作品,并将印文扫描后,借助激光雕刻机等设备制作书签、卡套、文化

图4-24 "社会主义核心价值观"主题篆刻

衫、帆布包等文创产品,让金石篆刻走进生活,使社会主义核心价值观深入人心。

学校每年举办、参加以金石文化为主题的相关展示汇报活动。2019年,举办上海市"篆刻进校园"活动启动仪式、嘉定区"篆刻艺术进校园"成果汇报暨校园书法篆刻联盟成立仪式;2020年,参加中国国际教育装备(上海)博览会"赋能教育"专题云展;2021年,举办上海市"篆刻进校园"教学研讨活动;2022年,举办嘉定区"基于区域特色的学校综合课程创造力研究和实践"项目推进会;2023年,举办上海市义务教育劳动课程设计与研究展示活动、上海市"篆刻艺术进校园"颁牌仪式暨工作推进会、嘉定区校园书法篆刻联盟汇报展示活动,参加"长三角地区基础教育课程教学改革研讨会(艺术专场)"展示活动、"上海师生书法篆刻作品展"汇报展示活动;2024年,举办上海市小学教育科研巡回鉴新活动,作《"大美金石"综合课程:促进文化理解的艺文融通新探索》主题汇报。2018年和2021年,学校两次参加上海市教育博览会展示,市教委、区教育局多次专程来校调研、指导金石文化传承工作,学校还专程向中共中央政治局原常委、国务院原副总理李岚清同志汇报了金石篆刻课程实施工作。这代表着学校取得的成就已经得到了社会的肯定,方泰小学的文化建设取得的突出成就、实践经验也将进一步支撑方小人在金石文化建设、学校发展可持续上行稳致远。

(四)其他校园文化活动

在"金石文化节""金石文化研学之旅""金石主题篆刻活动"之外,学校同时开展了大量类型多样、主题多元、内容丰富的有关活动。例如学校围绕劳动教育目标,结合学校场地优势与特色,设置了"金石农场"劳动教育实践基地。"金石农场",占地面积约2 000平方米,这一区域除了组织学生进行传统的劳动实践之外,还与学科教学相结合,根据学科特点与学生年级特点开展了语文、数学、英语等学科的实践活动。例如数学学科开展的活动包括:一年级用脚步估计农场的长与宽、估测农作物叶片的长度和宽度、数一数农场里农作物的种类与数量;二年级为农作物制作指示牌,并利用所学的方法划分菜畦,照顾农作物生长;三年级计算农场菜地的面积,设计美观、合理的栅栏装设方案,并预估农作物产量;四年级学生密切关注农作物长势,记录其不同生长阶段的高度,绘制统计图,初步探索空气质量与农作物生长之间的关系;五年级学生利用所学知识为农田设计大棚,并估算所需材料的长度与面积。

在班级主题活动方面,创设"金石大舞台""金石人物秀"等审美情境,让学生从情感熏染中获得真、善、美的审美体验。结合不同时期的教育侧重点,开展如"人人一把篆刻刀,个个一方金石印"等班级主题活动。各班级根据年级学习要求,精心设计主题活动,通过活动分阶段、分层次地开展,学生能够对金石篆刻有进一步的了解,认识到金石文化在我国传统文化领域、艺术审美领域的重要地位与突出价值,从而在一次一次的主题实践、班级活动中激发学生的民族自豪感、文化自信感。学生不仅在活动中将学习到的金石篆刻技能得以发挥,也能在生生互动、师生沟通中进一步锻炼交往、促成学习。

附:劳动课程案例

金石篆刻——创作藏书章

项目名称	金石篆刻——创作藏书章		适用年级	四年级	总课时数	6
劳动场域	● 教室	○ 教室外校园内		● 家庭	○ 劳动/社会基地	
所属板块	○ 公共必修	○ 改编			○ 新编	
	● 特色必修	● 跨学科主题学习 ○ 劳动基地实践			● 非遗传承	
所属任务群	○ 日常生活劳动	○ 清洁与卫生 ○ 烹饪与营养			○ 整理与收纳 ○ 家用器具使用与维护	
	● 生产劳动	○ 农业生产劳动 ○ 工业生产劳动			● 传统工艺制作 ○ 新技术体验与应用	
	○ 服务性劳动	○ 现代服务业劳动			○ 公益劳动与志愿服务	

续 表

项目概述	项目背景	中国篆刻起源可追溯至中国古代印章制作工艺，经过数千年的传承与演变，至今已有三千余年的历史。随着时代的进步与社会的发展，篆刻艺术逐渐超越了传统的实用功能，演变为一种独特的艺术表现形式。它不仅广泛应用于书法、绘画等传统艺术领域，还在现代装饰艺术中占据重要地位。篆刻艺术通过其独特的刀法、章法与文字表现力，展现了中华文化的深厚底蕴与艺术魅力。在书法创作中，篆刻作品常被用作落款或印章，增添作品的艺术价值与文化内涵；在绘画领域，篆刻艺术则通过印章的形式，为画作增添了独特的艺术气息；在装饰艺术中，篆刻作品以其精美的造型与深刻的文化寓意，成为空间装饰的重要元素。 2018年上海市教委就推进"篆刻进校园"活动，方泰小学作为市级试点学校之一，积极挖掘并利用资源，围绕"金石文化"进行校园文化建设，开发篆刻特色校本课程。学校设有"金石工坊"跨学科综合学习空间，篆刻教室、篆刻展示馆，内含丰富石材、篆刻刀、印床等传统篆刻工具以及磨石机、雕刻机、激光彩喷打印机等数字化仪器设备，拥有篆刻专业背景教师2人，全校教师"人人会拿篆刻刀，个个金石显创意"，可以保障课程有力实施。 此项目的实施学校须具备印石、篆刻刀、印床、印泥、连史纸、毛笔、墨汁等器材。
	项目情境描述	同学们，你们喜欢课外阅读吗？在你们家的书架上，一定也存放着不少喜爱的课外书吧？喜欢读书的人大都爱好藏书，藏书者为了表明图书所有权，表达自己个性情趣，通常会将自己的藏书章钤盖在书本图册等的扉页。今天，让我们也来动手设计并篆刻一枚藏书章，给珍爱的书籍钤上一枚独属于自己的印记吧！
	学情分析	在之前的学习中，学生已经认识了各式各样的印石，知道青田石、寿山石、巴林石、昌化石的特点；能够识得一些简单的篆字，掌握了印石研磨、印泥制作和拓印的基本步骤，能够比较熟练地进行印石研磨和钤盖印章。此外，四年级的学生精细动作、审美能力和想象创作能力得到了一定程度的发展，具有比较好的手眼协调能力，能够比较熟练地使用刀具，对美有着自己独特的感受和表达方式。
	项目目标	1. 了解篆刻的流程。 2. 能够结合印石的大小、形状、颜色、质地等特点，挑选一枚适合自己篆刻的印章，并将印面打磨平整。 3. 会通过网络、篆书字典等方式查找了解篆字写法，并根据藏书章的特点设计布局符合自己个性特点的藏书章。 4. 掌握描摹印稿和反印印稿的基本方法，能将印稿反印在印石上。 5. 能熟练使用印床、篆刻刀等篆刻工具，掌握冲刀法、切刀法等基本篆刻技法，能篆刻出一枚藏书章。

续　表

项目概述	项目目标	6. 在学习实践中感受传统手工艺人精益求精的劳动精神,感悟劳动的乐趣,培养耐心与毅力,提升审美能力和艺术鉴赏水平。
	工具与材料准备	准备工具:篆刻刀、印床各1把(个) 准备材料:每人自备印石、小楷毛笔、铅笔、红笔、橡皮各1;3—4人为一小组,教师提供每组印泥1盒、墨汁1瓶、墨碟1个、抹布1块、刷子1把、连史纸若干
内容结构		篆刻藏书章 准备环节 → 规划环节 → 实践环节 → 总结环节 分组行动 搜集经典 / 挑选印石 进行研磨 / 规划设计 绘制印稿 确定内容 查询篆字 / 描摹印稿 翻印上石 认识工具 学习刀法 完成刻制 钤印修整 / 钤印成品 合成扇面 / 展示交流 总结评价 / 整理收纳 拓展延伸
劳动素养要求		本劳动项目学习中,学生通过确定印章内容,利用网络、字典查找篆字,根据印面大小和规定的章法布局设计印稿;通过自主探究、学习实践,认识印床、刻刀等篆刻工具,初步学会描摹、翻印印稿的方法,熟练掌握"冲刀法""切刀法"等基本篆刻方法,在精挑细选合适的印石,不断将印面研磨平整,试画试印、不断修整调试作品的过程中体会开拓创新、持之以恒、精益求精的劳动精神。在调查了解各个朝代藏书章的章法布局,经历印面设计、描摹印稿、翻印上石进行篆刻最终钤印作品;在作品的制作过程中能正确规范使用印床、刻刀等劳动工具,妥善处理石灰、石屑,具备完成一定劳动任务所需的设计能力、操作能力。

任　务		劳动观念	劳动能力	劳动习惯与品质	劳动精神
分组行动	搜集经典	●	○	○	○
挑选印石	进行研磨	○	●	●	●
确定内容	查询篆字	○	●	●	○
规划设计	绘制印稿	○	●	●	●
描摹印稿	翻印上石	○	●	●	●
认识工具	学习刀法	○	●	●	●
完成刻制	钤印修整	○	●	●	●
钤印成品	合成扇面	○	●	●	○
展示交流	总结评价	●	●	○	●
整理收纳	拓展延伸	●	●	●	○

环节	课时	任务	场域 A. 教室 B. 教室外校园内 C. 家庭 D. 劳动/社会基地	任务实施建议/要求	设计意图
项目实施 准备	课前	准备任务1：分组行动，搜集经典	C	布置任务：分4人一组，让学生通过网络、博物馆实地参观等多种方式开展调查，用图片、文字等多种方法记录搜集到的各类"藏书章"。	建立家校关联，学校布置任务，将学校的劳动延伸到校外。通过参观文博场馆、网络、书籍等方式搜集资料，初步了解"藏书章"中的内容、章法特点等。
		准备任务2：挑选印石，进行研磨	C	1. 挑选购买自己喜欢的石头，关注石头大小、形状、颜色、质地； 2. 用砂纸打磨印面。	为下一步篆刻属于自己的藏书章做好准备，在精挑细选、不断打磨的过程中，感受精益求精的劳动精神。
规划	1	任务1：欣赏经典，总结特点	A	1. 组织学生分组交流自己小组搜集到的经典印章中有关藏书的印章作品； 2. 组织学生欣赏经典"藏书印章"的布局章法、文字内容、特点、作品美感等； 3. 总结"藏书印章"的布局章法的基本特点。	通过交流，明确本项目的任务——设计属于自己的藏书印章。在交流、欣赏的过程中，了解印章的基本篆刻方法，总结学习印章的布局特点。
		任务2：确定内容，查询篆字	A	1. 确定藏书章上的内容； 2. 利用篆刻工具书、平板电脑查询自己姓名等字的篆书写法，并挑选喜欢的篆字记录下来。	通过利用工具书、网络资源查询自己姓名等字字体，为接下来设计印稿做准备。

第四章 金石华彩:"金石文化"实践过程与实施特色

续 表

环节	课时	任务	场域 A. 教室 B. 教室外校园内 C. 家庭 D. 劳动/社会基地	任务实施建议/要求	设计意图
项目实施 规划	1	任务3:设计初稿,组内分享	A	1. 根据"藏书章"的布局特点,进行初步设计; 2. 组内相互讨论组员的印稿设计。	通过组内交流,分析讨论,了解初稿设计中的不足。
		任务4:修改调整,确定印稿	A	1. 展示交流学生印稿,点评印稿中存在的优点与不足; 2. 组织学生进行2—3稿的设计调整; 3. 组织学生将最后定稿的印稿用红笔绘制清晰。	通过指导交流,尝试设计2—3稿明确印稿设计的重要性,体会篆刻中"三分刻七分篆"的意义,在不断精修的过程中,感受精益求精的工匠精神。
实施	1	任务1:回顾工具,复习篆法	A	1. 回顾篆刻工具:印床、刻刀的使用技巧,演示冲刀法、切刀法等基本篆刻技法; 2. 利用练习石,进行练习,妥善处理石灰、石屑; 3. 引导学生组内观察各自藏书印章中字体笔画,讨论篆刻线条时会遇到的转折点以及起刀收刀的难点。	通过自主练习、教师讲解演示,回顾篆刻工具的使用方法,熟练掌握所学的刀法,再通过引导学生观察印章字体中的笔画,知晓篆刻中会遇到的难点,进一步加强对篆刻刀法的理解。
	1	任务2:描摹印稿,水印上石	A	1. 将设计好的印稿用小楷毛笔精细描摹2—3遍,做到精细还原; 2. 展示部分学生的描摹好的印稿,发现问题及时指导; 3. 指导学生将描摹好的印稿用传统"水印法",反印上石。	通过自主尝试,指导交流明确要点,掌握描摹印稿和翻印印稿的方法,将描摹好的印稿利用水印法反印在印石上,为后续篆刻做准备。

续 表

环节	课时	任务	场域 A. 教室 B. 教室外校园内 C. 家庭 D. 劳动/社会基地	任务实施建议/要求	设计意图
项目实施 实施	1	任务3：完成刻制，铃印修整	A	1. 指导学生选用自己熟练的篆刻刀法进行印章刻制； 2. 将刻好的印章铃盖对比，将线条不够均匀、平整、粗细统一的笔画进行修饰调整，完善修正。	通过刻制印章，让学生知晓印章篆刻中线条好坏的重要性，并通过铃盖对比，请学生再次进行修改调整，最终将印章修完善。
项目实施 总结		任务1：铃印成品，合成扇面	A	1. 组织学生自主将铃盖好的印章进行扇面布局粘贴，完成组内藏书印章扇面作品； 2. 指导学生进行合理地分布和摆放，形成一定的形式美感。	通过自主尝试印章扇面的布局粘贴，让学生知晓通过自己的努力可以创作出一件美好的集体作品。
项目实施 总结	1	任务2：展示交流，总结评价	A	1. 展示分享作品，开展互评活动，发现彼此作品中的优缺点，并交流分享； 2. 对照学习单中的评价标准开展自评活动； 3. 交流分享印章制作过程中的心得体会，总结提炼出藏书章设计与篆刻的方法与步骤； 4. 播放不同时代藏书章的图片，拓宽视野。	通过展示交流相互分享，总结和提炼设计及篆刻藏书章的方法与步骤，进一步加深对印章创作的理解。
		任务3：整理收纳，拓展延伸	A	1. 组织学生进行工具、桌面的收纳整理； 2. 布置延伸任务：亲手设计并篆刻一枚藏书章赠送学校图书馆，表达自己对阅读的热爱、对母校的感恩之情。	通过清理桌面石灰，收纳印床、刻刀、印泥等篆刻用品，培养良好的劳动习惯。通过布置延伸任务，将所学的劳动技能应用于实际生活中，渗透感恩教育。

附：金石课程学习案例

我的篆刻学习心路

篆刻，从春秋战国经汉唐再到宋元明清，是一门拥有三千多年历史的古老艺术。经过历代的流传和文人墨客的继承发扬，通过2008年北京奥运会会徽的发布，其独特的形象与文化内涵被传播到世界的每一个角落，使越来越多的人认识并欣赏这一古老而精湛的艺术形式。如今，篆刻已发展成为金石艺术的重要组成部分，因其兼具实用性与艺术性的双重价值，深受广大群众的喜爱与推崇。它不仅是中国传统文化中不可或缺的重要分支，更是中华文明独特魅力的重要体现。

起初我因为好奇而参加了学校的篆刻特色兴趣班。那时候我对篆刻的理解是很懵懂的，认为是非常容易入门的一门艺术，基本上学完第一课就能掌握最基础的方法。实际上可不是那么容易，越是看起来简单的事情就越难以做好。在我第一次接触石材时，心想这么坚硬怎么刻啊！以前读到过齐白石练习篆刻用完了好几担石头，这工作比李白铁杵磨成针还要艰巨啊！老师多次强调要认真，要求我们在篆刻时一定认真对待每一个步骤，磨石、设计、临摹、印稿、刻石，每一步都要认真仔细，如果有错误了就要改正甚至重新再来一遍，直到满意为止。这让我感到了严肃性，要篆刻好一幅作品，首先要准备相关材料，想好要刻的作品的整体规划，然后确定刀法，最后根据整体构思细心地刻石。篆刻让我做事更有条理规划，也更有耐心，也增强了我对艺术美的欣赏能力。

随着学习课程的深入，同时也查找了有关篆刻印章的许多资料，我对篆刻的了解亦不断地加深。它古朴里有丝新雅，使人从方寸天地里得到艺术的享受，可称得上"方寸之间，气象万千"，使我受益匪浅。

紧张地学习之余，最快乐的事就是让自己静下心来待在书房练习书法、练习篆刻。通过篆刻一枚枚印章，能够让我们体会到无论做什么事情，都要下一番功夫，都要脚踏实地，需要非凡的毅力加上领悟力才能学习好篆刻。

我在学习篆刻的过程中，除了篆刻技艺的不断提高，同时也领悟到了很多道理：

学习篆刻很能磨炼人的性格,也能耐得住寂寞,有利于培养我们良好的学习态度和习惯;深刻地体会到做任何事情都需要长期不懈的坚持;任何成功都不是一蹴而就的,需要长期的学习积累和反复的练习,需要我们越挫越勇。失败不可怕,要从失败中总结经验,为后续的成功打下坚实的基础。或许在未来的篆刻之路上会碰到许许多多的困难,但是我会一直努力克服并坚持下去。我要好好学习篆刻这项非遗文化,将学校所提倡的艺术美韵、人文精神发扬光大,更好地传承下去。

(本案例由方泰小学2017届毕业生提供)

附:金石评价案例

在线学习不停评,金石评价促发展

学校遵循小学生的年龄特点和发展规律,根据本校学生实际需求,采用"自下而上"与"自上而下"相结合的方法,积极探索"以学生为本,发挥学生主体性,促进学生全面、自主、和谐发展"的评价机制。经过近年来的研究与实践,围绕"趣、能、创、美"四个维度,基于办学特色,构建"金石印花"与"金石奖章"奖励相结合的"金石评价"体系。

一、具体问题

在学生居家生活学习期间,随着"在线教育"的开启,学生的学习场域由学校转至家庭,学生学习散漫、家长心理焦虑等相关问题日益突出,具体体现在:

(一)学习状态欠佳

部分学生未能及时养成良好的在线学习习惯,上课时无精打采,注意力不集中,无法保证在线学习的效率;作业提交率不高,订正不及时,需要老师多次催促提醒,缺乏学习的主动性;对于学校组织的居家劳动、阅读、艺术、运动等方面的学习活动,一些学生缺乏热情,敷衍了事,活动参与率较低,线上的居家活动难以真实发生。

(二)亲子关系紧张

"在线教育"期间,家长虽然有了更多的时间陪伴在孩子身边,关注孩子的学习,一开始也愿意与孩子进行沟通交流,但逐渐发现孩子的表现与自己的预期有差距。同时,有的家长对孩子缺乏耐心、不够细心,教育方式简单粗暴。而孩子不服管教,时常与家长发生冲突。以上现象直接导致部分家庭亲子关系紧张。

二、应对举措

面对"在线教育"中出现的问题,学校决定"居家不停评",启动"在线金石评价",以发放"电子金石印花"和"电子金石奖章"的形式开展评价,以此激发学生的学习兴趣,帮助学生养成良好的学习习惯。同时邀请家长共同参与评价,让家长成为孩子成长的观察者、陪伴者、促进者、见证者。

(一)多维度评价

"电子金石印花",采用篆刻印章的图案样式,包括"趣、能、创、美"四种,对学生的在线学习表现进行全面的评价。

金石印花	评 价 内 容
趣	线上学习兴趣浓厚,求知欲强,能主动参与学习,积极参加居家劳动、阅读、艺术、运动等活动;能认识自我在学习上的优缺点,有健康的价值取向。
能	在线上学习中认真听讲,主动发言,按时完成学习任务;具有信息应用能力,熟练掌握在线课堂互动的技能;在学习中逐渐形成逻辑思维、判断质疑、动手操作等能力。
创	在线上学习中,积极思考,及时反思,具有创新能力,敢于提出问题,善于解决问题;勤于积累,乐于探究,能自我管理、教育和评价。
美	养成良好的线上学习习惯、网络文明习惯、居家行为习惯,践行道德规范和文明礼仪;在形象、语言、行为、心理等方面有美的表现,能主动与家长、老师交流。

(二)分层级评价

初级评价——日日评。"在线金石评价"发生在日常,落实在每一天、每一节课、每一项活动。全体班主任、任课教师时刻关注学生的在线学习表现,并通过与家长的交流,根据家长的反馈,对学生出现的闪光点、取得的进步,即颁发相应的"金石印花"。

中级评价——周周评。每周,班级中获得印花数量最多的四名学生可以获得"金石之星"称号,在线上班会设置"金石之星授章仪式"环节,邀请家长出席,班主任为金石之星授予电子徽章,并请金石之星发表感言,激发学生的荣誉感,凸显归属感。

高级评价——阶段评。根据"在线教育"持续的时间,每三周左右评选一次"金石少年"。各年级中累计获得印花数量最多,且集满趣、能、创、美四个种类印花的10名学生,获得"金石少年"光荣称号。学校以钉钉视频会议的形式召开表彰大会,宣读金石少年名单并授予其电子奖章。同时,通过微信公众号宣传、在线家长会交流等形式让金石少年分享自己在线学习的"小妙招""金点子"。

(三)覆盖式评价

"在线教育"中的所有线上学习活动均纳入评价范围,班主任和全体任课教师拥有相应数量的印花发放额度。教师根据学生在各自学科的学习表现与成果,班主任根据学生的日常表现、家长反馈等情况给予印花奖励。

(四)多主体评价

"在线金石评价"倡导学生、家长和教师均作为评价主体参与评价。

学生评价:"在线金石评价"中,学生既是评价对象,又是评价主体。通过各项学习活动中的"自评、互评表"实现学生自我评价和伙伴评价,累计的积分可以兑换印花,旨在引导学生在评价过程中进行自我反思、自我教育和自我总结。

家长评价:邀请家长加入"在线金石评价",根据"学生在线学习评价表"的相关指标,对学生居家在线学习的状态,以及劳动、阅读、艺术、运动等各类学习活动的参与情况进行赋分,累计相应分值,反馈至班主任,即可兑换印花。

教师评价:教师根据学生在该学科中的学习兴趣、学习能力、创新思维和学习习惯等方面的表现,及时发放相应印花给予评价;班主任重点关注学生的身心健康,组织学生积极参加学校组织的各类线上教育活动,对表现突出的学生给予印花奖励;另外,学生的导师们也积极参与评价,通过线上家访、谈心谈话及时了解学生的近期状况,与班主任、家长及时沟通、反馈。

(五)信息化评价

以信息化技术赋能评价,发放的每一枚电子"金石印花"均配有教师评价的语音,每一枚电子"金石之星"徽章和"金石少年"奖章均录入教师、家长和伙伴的表扬和评价语,通过扫描印花图案即能收听收看。此外,在线评价系统能自动实时统计全校每一位学生获得印花的来源、种类、数量等数据,便于班主任随时掌握班级的评价情况。而每一位学生的评价数据也会每周按时单独发送给家长作为评价反馈。

三、工作成效

(一) 改善学习态度,形成良好氛围

通过"在线金石评价"的激励,学生的学习兴趣普遍得到激发,学习变得更主动、更自觉,学习能力获得提升。学生参与线上活动的热情也不断增加,"阅读打卡""两操打卡""运动打卡""劳动打卡"增长明显。同时,学校开展了一系列与"在线金石评价"相结合的学习活动,包括"学习空间我创建""爱赏阅读荐好书""创意亲子运动会""云端艺术展"等,汇聚成极为丰硕的在线学习成果。

(二) 有效亲子互动,形成融洽关系

"在线金石评价"形成家校育人的合力,帮助家长明晰"如何正确帮助孩子进行在线学习""如何关注孩子身心健康""如何处理好亲子关系"等难题,从而拉近了家长和孩子之间的距离,帮助亲子之间实现有效的互动与沟通。家长发现孩子在"在线金石评价"的激励下,从一开始的有所懈怠,需要家长全程监督,到慢慢养成积极主动学习态度和独立自主的学习习惯,令人欣慰。

四、总结反思

(一) 以生为本,激励成长

"在线金石评价"充分体现学生的主体地位,以学生为本,尊重学生的个性和差异,平等对待每一位学生。对于学生的闪光点和点滴进步,予以充分肯定、激励和赏识,让学生感受到成功的喜悦、精神的满足,营造出能动、民主、积极向上的氛围,将"要我评"转化为"我要评"。

(二) 目标导向,关注发展

"在线金石评价"引导学生敢于自我剖析,树立目标意识,根据自身情况,制定合理的努力方向和发展目标。同时,"在线金石评价"关注每一个学生的可持续发展,帮助其不断改进在线学习的状态。对于学生在发展过程中所取得的进步、所展现的优点,予以充分肯定。

(三) 动态调整,不断优化

"在线金石评价"能够帮助学生完善自我,改善学习态度,热心参与活动;能够帮助家长了解孩子的学习经历,掌握家庭教育方法,缓解亲子关系;能够帮助教师即时了解学生学习状态,对教学效果作出价值判断;能够让学校全面掌握在线教育的整体情况,

不断优化在线评价的过程和标准。

附：金石文化研学之旅案例

最美的课堂在路上

"听说了吗？"

"什么？"

"方泰小学把课堂搬到了博物馆！"

"真的啊！"

……

游览"明止堂"，访古砖，和爸爸妈妈一起探险寻宝……

近日，方泰小学一年级的小朋友走出校园，牵着爸爸妈妈的手，来到明止堂古字砖博物馆，开启了金石文化研学之旅活动。

跟随手机APP平台的提示，进得明止堂大门，步入厅堂，深褐色镂空门框上方，高悬明黄色魏碑体"明止砖"木匾，两边两只球灯，象征传统的红灯笼，门口两棵盆栽大铁树张开臂膀，迎来送往，左侧的"万岁不败砖墙"，一块块石砖端放在墙上，"万岁不败"四个字字体各异，气势恢宏，巍巍然也。

跟随馆长爷爷的步伐，爸爸妈妈和小朋友们一起边走边看，一块块砖整齐划一地排列在场馆里，让孩子们忍不住地"哇"起来！这些"石头"摆放得真是整齐。听馆长爷爷细细道来后，才知道，这些都是文物，也是"宝贝"。每一块砖都带着自己的"记忆"。听馆长爷爷如数家珍地说着一块块砖的出处、典故，爸爸妈妈也都震撼到了，小朋友们更是瞪大自己的小眼睛，想把它们统统都记入脑子里。

小小一块砖，藏着大学问。回看中华五千年历史的悠久，勤劳智慧的中华民族创造了光辉灿烂的历史文化，留下了灿若群星、独具特色的文化遗产。

开展金石文化研学之旅，是方泰小学为培养学生的核心素养，正在着力搭建的一个"幸福平台"。它与中央教育部等十一部委《关于推进中小学生研学旅行的意见》的指导意义高度契合，同时又与区域"幸福课程"的推进、落实不谋而合，是学校金石文化特色发展的又一个增长点。学校组成了金石文化研学之旅的活动开发团队,聘请专家经过论证,以及团队老师们共同研究、考察、策划,形成了较为详细的金石文化研学之旅综合实践活动方案,并和信息化第三方机构合作开发了研学之旅智能终端平台。

本次一年级的参观"明止堂",正式开启了学校整个研学之旅活动的序幕。孩子们在家长的协助下,通过智能终端,进行活动的预习、签到,并在活动中循着平台发布的任务,开展"寻宝""探索""互动"等精彩活动。活动后,小朋友们和家长一起总结,上传研学成果,完成相关的学习任务,获得相应的积分,换购相应的课程。接下去其余年级也将紧锣密鼓地把活动开展下去。

带孩子们研学,让他们看看书本之外的世界,他们才有更开阔的眼界;寻宝探险,让孩子们增长见识,让每一天、每一节课都值得期待。方小的教育人愿意为孩子和家长们搭建更多的平台,让学校生活生动延伸,让集体活动成为每一个孩子成长岁月中非常珍贵的记忆。

第四节　制度文化：发挥金石文化的综合保障作用

制度文化作为学校文化的重要内在机制，涵盖组织机构建设与制度体系构建，并具体体现在学校的传统、仪式及规章制度之中。正所谓"没有规矩，不成方圆"，唯有建立健全的组织架构与完善的规章制度，对师生的行为进行有效规范，方能营造良好的校风，确保学校各项工作的高效推进与落地实施。

一、管理优化赋能提升：组织架构

方泰小学坚持和加强党对学校工作的全面领导，扎实推进党组织领导的校长负责制改革。

（一）健全工作机制，明晰管理架构

方泰小学全面完善保障机制，明确党政职责，制定了《党组织领导的校长负责制实施方案》，统一认识，形成共识。充分发挥党组织领导作用，党组织领导地位凸显，校长职权进一步明晰，在操作层面不断完善，不断研究，保障党组织领导的校长负责制稳步推进实施。

1. 学校治理结构体系不断健全优化。根据学校实际，分析研究学校原有管理结构，结合新要求，对标对表，以部门为主体，制定并形成了"学校党组织工作架构图"，厘清了党、政管理工作的部门、条线及分工，充分体现"党组织领导、校长负责、多方参与、全员育人"的治理格局，建立健全党组织统一领导、党政分工负责、协调运行的工作机制。

2. 党组织会议讨论决定学校重大问题。制定了《党组织会议议事规则》《"三重一大"实施办法》等规则与制度。按照"集体领导、民主集中、个别酝酿、会议决定"的原则，坚持科学决策、民主决策、依法决策等议事决策制度，全面领导本校发展改革、思想政治、"三重一大"、干部选拔、师德师风、文化建设等重要事项。

3. 校长办公会议决策部署学校行政事务。制定了《校长办公会议议事规则》，明确了校长办公会议是学校行政议事决策机构，校长自觉接受学校党组织领导，依法依

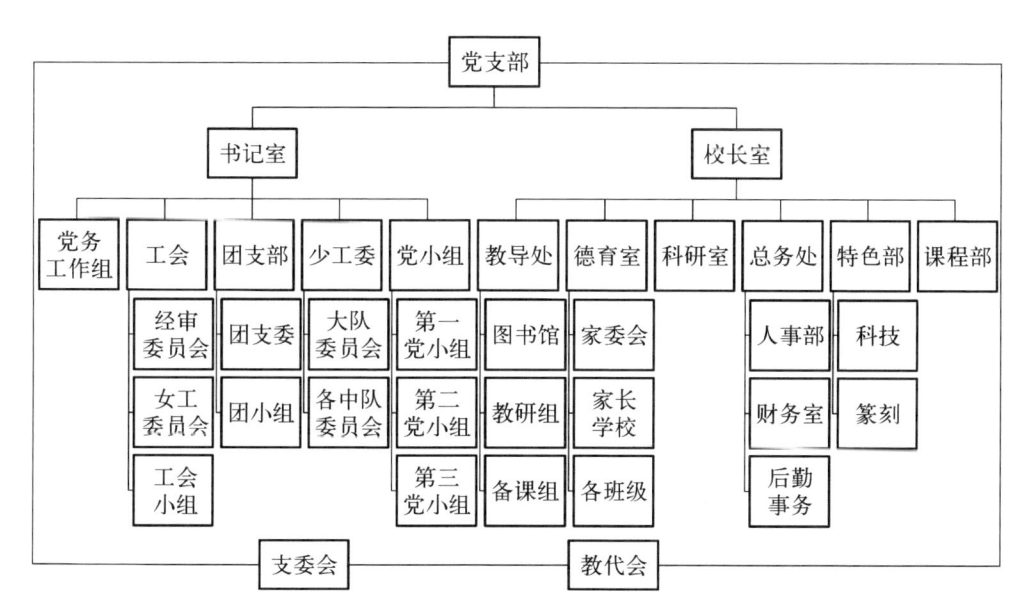

图 4-25 方泰小学党组织工作架构图

规行使职权,按照党支部有关决议,全面负责本校的教育教学、行政管理等工作,部署落实党组织决议的有关决定。

4. 领导班子沟通协调机制不断完善顺畅。制定了《党政领导班子成员经常性沟通办法》,形成了学校领导班子成员经常性沟通工作机制,并明确了经常沟通的主要内容(包括思想认识、工作理念、工作思路、工作方法、具体工作开展情况以及各类动态信息等),尤其是重要决策前的沟通;规定了党组织会议和校长办公会议前的沟通机制、党政主要领导与班子成员及支部委员谈心沟通机制、领导班子成员谈心沟通机制等三大沟通机制,并对沟通目的、沟通范围和沟通落实等方面做出了规定。逐步形成了党支部书记、校长能充分听取和尊重班子成员的意见,领导班子成员相互理解、相互支持,注重协调配合的良好氛围。

5. 教职工代表大会与群团组织职能凸显。学校积极发挥教职工代表大会及群团组织的作用,严格按照规定实施党务公开与校务公开,不断完善师生参与民主管理与监督的工作机制。充分发挥群团组织作用,通过教代会、少先队、家委会等不同平台,引导全体教师、学生和家长等不同主体积极参与学校管理。

(二) 创建特色品牌，根植学校文化

学校党支部遵循"围绕教育抓党建，抓好党建促教育"，以特色党建推动学校特色发展，创建党建工作特色品牌"党建领航金石红"，结合学校金石文化办学特色，把金石文化建设全面融入学校党建工作大局，成为党建关键抓手，设计并落实了四大举措：党建引领点亮"金石红"，品质涵养突出"金石红"，课程推进彰显"金石红"，文化提升闪耀"金石红"。学校党建工作抹上浓重的"金石红"，更加强了党组织对学校工作的全面领导，推动了学校办学水平提升，促进师生全面而有个性的发展。

1. 党建引领点亮"金石红"。

学校党支部设计了金石文化体系，并全面引领以点亮"金石红"。一是引领金石文化体系实施的理念、目标和路径等；二是引领金石文化体系建设中的党员干部队伍建设及其先锋作用的发挥；三是引领金石文化体系建设中的课程建设和各类活动开展；四是引领金石文化体系建设中的文化形态构建。

2. 品质涵养突出"金石红"。

党支部注重"金石先锋"党员队伍建设，发挥党员"金石先锋"力量。把锻造"金石品质"作为提高育人队伍整体素质的有效载体，在金石文化体系建设中，持续推进学校"篆刻先锋"党员工作室和"衡石青年社"等的建设，促进党团员在金石文化体系建设中发挥先锋作用。在全校教职工中大力开展"养师德、铸师魂、修师能"主题活动，开展"金石教师""衡石青年"等各项校内评选活动。党支部更着力以金石品质涵养师生，使之成为全校师生宝贵的精神财富。

3. 课程推进彰显"金石红"。

党支部以培育党员先进群体、打造学校特色文化、开发特色课程为目标，以"金石精神我引领"党建重点项目为引领，开发特色多元的学校课程文化形态。开发"金石篆刻"校本课程、"大美金石"综合课程，既促进教师的专业素养提升，内涵建设加强，更激发学生研究优秀传统文化的浓厚兴趣，品味、学习金石篆刻名家身上的优秀品质，形成好学向上的品性。

4. 文化提升闪耀"金石红"。

学校党支部多措并举，突出金石特质，促进文化提升。建设"金石大道""金石大厅""金石苑"陈列馆等，营造浓厚的校园文化环境。组建以青年党员为组长的"妙趣金石""教育创客"等五大共同体,以团队合作的形式开展项目研究与实践,开展金石文化节、金石研学、主题篆刻和评选"金石少年"等系列活动,助推师生发展。组织开展"金石文化十大主题活动",举办金石讲坛,锻造"金石品质",提升师生整体素质。

以学校"篆刻先锋"党员工作室的创建为例。"篆刻先锋"党员工作室立足于学校金石文化办学特色,以培育党员先进群体,打造校园特色文化,培养师生高尚品格,弘扬优秀传统文化为目标,着力打造学校党建工作的新亮点。

一是严格创建标准,做好阵地建设。党支部把"篆刻先锋"党员工作室创建活动列入学校党建工作的总体规划,有效整合项目、资金、信息等资源,集中人力物力和财力进行重点扶持,形成上下联动、齐抓共创的良好工作态势。制定工作室活动章程,拟定三年行动计划,确定年度重点项目。独立开辟了工作室的活动阵地,并在环境布置和设施添置上突出党建与篆刻元素的兼顾融合,将工作室巧妙划分为党建知识学习交流区、党员谈心谈话活动区、党员优秀作品陈列区以及篆刻知识技能训练区。步入室内,浓浓的党建风,深深的金石情,顿有身临其境之感。

二是找准实施载体,锤炼党性修养。在党建与篆刻的融合上,做到潜移默化、浑然天成。(1)学典刻章,知理明意。习近平总书记在他的文章与讲话中,精心引用典故,以经典名句画龙点睛。如在谈党员干部品德修养时,用到"一枝一叶总关情",意寓要善于听取民意。党员教师们将这些经典用语制成篆刻印章,在一笔一画、一刀一刻中,通过知理、动手、悟意、导行,潜移默化地受到思想、历史和文化等多方面的教益,使自己的党性修养得到锤炼。(2)模范带头,身体力行。充分发挥党员教师的带头作用,走在教育改革的前列,在"金石讲坛"以及"以德树己、以德育人""师爱进千家"等主题实践活动中,将社会主义核心价值观贯彻始终,使之深入人心;在教学节、教学擂台赛、教学创新大比武活动上,勇挑重担,为广大教师提供业务指导、技能传授、公益服务,用自己的人格魅力与专业素养激励每一位教师不断前行。

三是落实重点项目,培育金石品质。工作室将金石文化打造作为年度重点实施项目,深度挖掘文化基因,大力培育价值认同,引导全体师生形成"锲而不舍,金石可镂""精诚所至,金石为开""互助互爱,金石之交""奋发有为,点石成金"的"金石品质"。举办金石文化节、"篆刻新苗"评选、师生篆刻作品展、《金石魂》专刊的刊印、毕业生篆刻印章赠送仪式、"金石少年"评选、金石文化研学之旅等"十大金石文化主题活动",逐步完善适合学生年龄特点和学校特色项目实施的校本课程体系。

四是加强辐射引领,传播优秀文化。工作室在创建过程中,积极发挥"上海市篆刻进校园试点校"及"嘉定区书法篆刻联盟"盟主学校的作用,向广大师生宣传党的方针政策。在日常主题活动中,号召党员教师主动与普通教师结对,将工作室打造成党员群众的连心室、困难群众的解难室。面向家庭、社会,做好中华优秀传统文化的普及传播,树立文化自信心。

二、制度建设保障实施:规章制度

学校在制度建设中充分发挥金石文化的特色和优势,尤其在制度的规范化、合理性、约束性与人文关怀之间的平衡中,寻找到了制度制定实施的最佳路径。遵循金石文化"精益求精"原则,确保规章制度的优质生成;以金石文化"刚强正直"的内在,对规章制度进行修订完善,真正体现制度的科学合理,成为学校文化程度高低的标志;将金石文化"刚柔并济"的特性与"导向、约束、陶冶、激励"的功能渗透在制度执行中,体现制度的刚性约束原则与柔性人文关怀,达到先用制度强化后用文化内化的目的,不断提高制度执行的自觉性。

规章制度不仅仅是对行为的约束,更是学校文化生态的支撑点。学校在不断推进金石文化建设的过程中,通过制定严谨且充满人文关怀的规章制度,确保了学校文化内涵的提升与全体师生的共同发展。具体而言,制度经过精心设计与反复修订,力求做到既科学合理,又具备一定的灵活性,使得规章制度既能发挥规范作用,又能为每个个体提供适应成长的空间和条件。制度的完善与执行,不仅塑造了学校文化的深度,还在实际应用中激发师生的主体意识与文化认同感。通过一系列的制度建设,学校确保了金石文化的内化与外化相结合,在刚性与柔性的有机融合中,使规章制度不仅是一种行为规范,更是文化认同与教育理想的体现。

(一)刚强正直:规范规章制度

1. 制度精修:强化科学性与系统性。

方泰小学规章制度的制定与修订始终秉承"精益求精"的原则,注重科学性与系统性的统一,确保制度框架能够与金石文化的核心价值相契合。制度精修不仅是对现有规章的细化和完善,更是在制度设计过程中融入文化内涵与育人目标的过程,从而实现制度的最大效能。

首先,学校在规章制度的制定过程中,以金石文化"刚强正直"的精神为指导,充分调研,参考先进的教育管理模式与理论基础,借鉴国内外教育体系打造的成功经验,结合学校的实际情况进行合理调整,确保每一项制度都能符合教育规律,具有科学性。例如,在教学管理、师德师风、学生行为规范等方面,学校不仅制定了具体的操作规范,还设置了明确的评价标准与考核机制。

其次,制度的系统性体现在学校对各类规章制度进行有机整合和相互衔接。例如,教学制度、考核制度与奖惩制度等一系列规章制度,在相互关联、相互作用中形成了完整的制度体系。通过系统性的设计,学校能够有效避免制度的孤立性,确保各项工作之间的协调与统一,从而提升学校整体管理水平。每一项规章制度都以文化引领、行为导向为核心,科学地将金石文化的价值理念内化到学校的管理实践中,推动文化与管理的深度融合。

再次,学校注重制度修订过程中涉及的实效性。学校通过建立定期评估和反馈机制,确保制度的实际效果和可操作性。在制度实施的过程中,学校通过对实施情况的监控和反馈,及时调整和优化制度内容,确保制度能够切实解决教育实践中的具体问题。通过这种循环修订的方式,制度能够保持活力,避免因外部环境或教育需求的变化而导致制度的滞后性。

通过对制度的精细化优化,学校确保了规章体系在科学性、系统性与实效性方面的高度协调,使制度不仅发挥规范行为的作用,更成为推动金石文化传承与发展的重要支撑。在制度优化过程中,学校不断强化金石文化的价值导向,使每项规章制度都承载深厚的文化内涵,并具备强大的执行力,从而为学校的长期发展和文化生态建设提供坚实保障。

以学校制定的金石篆刻课程推进方案为例,学校专门成立了由校长担任组长的工作领导小组,搭建系统化的工作网络,并明确具体目标,建立健全组织实施、教学管理、活动开展、师资队伍、条件保障、检查督导等方面的规章制度。学校构建了金石篆刻课程实施工作组织网络,全员参与、协同发展的管理模式有效支撑起了课程的持续发展。

由校长室牵头领导课程建设的发展方向、指导思想,在此基础上交由教导处、德育室具体细致探讨课程的运作模式、组织实施等。在充分的意见交流、沟通探讨后,制定具体实践方案,关注金石篆刻课程教学实施的重难点,推动形成师生之间、学校内外的综合育人模式,实现金石文化的互动交流,注重以常态育人形式实现金石篆刻课程的持续推进、金石文化氛围的建构。在教学管理中,不断优化课程设置和教学方法,并通过教师与学生的反馈,确保课程内容的科学性和学生接受度。学校还制定课程实施评估量表,每学期由课程领导小组和顾问专家、教师、家长组成课程评估小组,分别就课程设计(包括课程背景分析、课程目标制定、课程内容设置)与课程实施(包括实施原则和实施方式)对课程展开评估。课程领导小组根据评估结果对课程建设情况进行小结,梳理问题并讨论改进措施,为下一步的课程建设指明方向。

表 4-13 金石课程实施评估量表

评价指标		评价标准	评价等级			
			完全符合(10分)	多数符合(8~9分)	基本符合(6~7分)	基本不符(0~5分)
课程设计(50%)	背景分析(10分)	课程理念先进,能凸显区域发展特色,体现政策导向、问题导向、学生需求导向;课程开发的必要性与可行性阐述清晰、逻辑性强。				
	课程目标(20分)	课程目标体现对学生核心素养培养,叙写规范,阐述清楚,容易理解。				
		课程目标可操作、可达成、可测评。				
	课程内容(20分)	课程内容设计合理,具备可操作性,符合学生年龄发展特点。				
		课程内容和目标一致性强。				
课程实施(50%)	实施方式(20分)	课程实施体现用中学、做中学、创中学。				
		注重学生非智力因素的发展和能力的培养。				

续 表

评价指标		评 价 标 准	评 价 等 级			
			完全符合(10分)	多数符合(8～9分)	基本符合(6～7分)	基本不符(0～5分)
课程实施(50%)	学生评价(30分)	评价的主体多元化,能从学生、教师以及其他人员处获得足够的反馈信息。				
		评价方式多样,科学有效,可操作性强。				
		学习评价能引导学生交流、展示学习成果,反思存在的不足。				
评价者签名			总分:		等第:	
注:90—100为优;80—89为良;60—79为合格,59及以下为不合格						

2. 刚性约束：提升执行力与约束力。

学校在金石文化的引领下,致力于通过刚性约束提升学校规章制度的执行力与约束力,确保各项教育实践能够高效、有序地进行,推动学校文化深度发展。金石文化的"刚强正直"精神要求学校规章制度在执行过程中具有明确的约束力,确保每一项制度都能起到应有的作用,避免制度的流于形式,真正落到实处。

首先,学校通过制定严格的制度执行程序,强化了制度的刚性约束。所有规章制度在通过意见征询、集体审定后,都会以书面形式向全体教师与学生发布,并明确规定执行的具体标准与时间节点。学校设立了专门的执行监督部门,负责对各项制度的落实情况进行实时跟踪与反馈。每个学期结束时,学校会组织对制度执行情况的评估,分析其有效性,并及时作出调整。

其次,学校注重通过绩效考核与奖惩机制强化制度执行的力度。"刚强正直"的内涵要求制度具有执行的威慑力。因此,学校在制度中明确规定了奖惩措施,对于遵守制度、出色完成任务的教师与学生给予积极奖励。奖惩分明的方式,有效强化了师生的制度意识,使得制度执行的刚性约束不仅是外部压力,更成为师生自觉遵循的内在动力。

再次，学校在各项教学活动及日常管理中，将"刚性约束"落到实处，确保制度的每一个环节都能严格执行。如在教学活动中，为教师制定了详尽的教学考核标准，并且通过教学反馈机制与学生的学习评价，确保教学都能按照既定规范进行。在日常管理中，学校对学生的行为规范有着明确的界定，从课堂纪律到校园行为规范，每一项都清晰细致，教师与学生在日常学习生活中，须按照这些标准执行。细致的规范化管理使得学校各项工作不仅有章可循，更能切实落实。

此外，学校特别强调通过多重监督机制来增强制度执行的刚性。通过定期开展全校性的制度执行情况检查，设置反馈渠道，让教师与学生可以自由反映制度执行中的问题与困难。学校会定期对反馈进行分析，针对性地调整执行策略。透明的监督方式不仅能够提高制度执行的合规性，还能及时纠正执行中的偏差，保障制度执行的连续性。

3. 规范保障：确保有效性与持久性。

学校在制度建设中，致力于通过规范保障确保各项规章制度在长期运行中的有效性与持久性，不仅要追求精准与高效，还需关注长期发展的可持续性与内在的生命力，确保学校各项制度能够适应时代变迁，不断优化升级，实现稳定且长效的运行机制。

学校通过动态修订与持续优化，确保规章制度具有高度的适应性与前瞻性。学校建立了持续修订机制，以确保各项制度能够根据实际情况的变化进行及时调整。例如，在教育政策、社会环境或教学需求发生变化时，学校会组织相关部门进行集体讨论，评估现有制度的有效性，并通过学术性、科学性的审查程序，及时提出修订方案。灵活的动态管理方式使得制度始终保持与教育发展需求同步，从而保障了其长效性。学校还通过资源保障确保规章制度能够高效且可持续地执行，与社会各界、教育部门及相关企业建立合作关系，通过外部资源的引入与共享，确保规章制度在长期执行过程中不受资源不足的制约，保持其执行力。

(二) 刚柔并济：彰显人文关怀

在学校的金石文化体系构建中，制度不仅是行为规范的体现，也是文化价值的传递载体。金石文化的"刚强正直"与"柔性引导"相结合，"刚柔并济"赋予制度独特的人文关怀功能。制度的刚性约束固然为学校的日常管理提供了有力的保障，但其柔性部分却能通过细腻的引导与情感的共鸣,真正促使师生在规则的框架内找到自我认同和成长动力。柔性引导既是对个体行为的宽容,也是对内在责任感的激发。文化陶冶则通过潜移默化的情感认同,使制度的内化成为一种自觉行动。在金石文化的深刻影响下,学校不仅关注外在制度的规范性,更注重制度在人文关怀方面的柔性渗透,确保制度的执行不仅具有约束力,更富有温度,从而在全面提升管理效能的同时,促进学校文化的持续深化与发展。

1. 柔性引导:激发内在动力。

学校在规章制度的实施过程中,注重通过柔性引导激发师生的内在动力,避免单纯依赖强制性约束,力求在制度执行中达到"自觉遵守"而非"被动服从"的效果。制度不仅仅是外部的规范,更是学校文化的重要组成部分。学校通过细化制度的实施步骤和方式,让师生感受到制度背后的文化价值和教育意义,从而激发他们的内在认同。在金石文化活动的组织过程中,学校不单纯通过硬性要求学生参与,而是通过组织讲座、交流会、体验式学习等方式,使学生了解金石文化的深远影响,激发他们自发参与其中。这种"软性"引导的核心在于通过激发学生的好奇心与认同感,促使他们主动去接触与探索文化的深层次内涵,而不是仅仅为了完成指定的任务。

此外,柔性引导还体现在学校通过个性化的方式激发学生的内在潜力。例如,在金石文化的课程安排中,学校注重根据学生的兴趣与特长量体裁衣,设计多样化的教学方式,使学生能够在自己感兴趣的领域中找到成长的动力。通过教师的引导与反馈,学生逐渐意识到自身的不足,并在文化的熏陶中得到自我提升的动力。这种由内而外的激发方式,不仅增强了学生的自我管理能力,也使学校的规章制度在实施过程中更具生命力与弹性,从而促进了学校文化的长期发展与稳定。

2. 文化陶冶:形成情感认同。

通过情感认同的构建,使师生在潜移默化中形成对金石文化的深刻认同与情感归属。学校不仅强调规章制度的执行,更注重通过文化的力量滋养师生的心灵,营造温暖、关爱的校园氛围。在这一过程中,制度不仅仅是规范行为的工具,它更成为传递价值、塑造情感的重要载体。

文化陶冶的核心在于通过持续的文化浸润,让每一位师生在潜移默化中树立起对学校精神与理念的认同。在金石文化的引领下,学校不仅重视制度的刚性约束,更通过情感化、人文化的文化内涵激发师生的自我价值实现。通过定期的思想教育与文化讨论,学校将金石文化的内在精神深植于师生心中,逐渐让文化价值成为一种自觉的行动准则。情感认同的培养,不仅帮助学生理解并热爱学校的文化,也促使教师在执行制度时更具耐心与责任感,从而使制度的内涵得以深刻贯彻,进一步提升学校的整体文化氛围。

附：学校规章制度例举

方泰小学劳动教育管理制度

一、总则

为深入贯彻习近平总书记关于教育的重要论述,全面落实《中共中央国务院关于全面加强新时代大中小学劳动教育的意见》及《义务教育课程方案》(2022年版)和《劳动课程标准》(2022年版)的要求,方泰小学特制定本劳动教育管理制度。本制度旨在通过科学规划、有效实施和严格管理,构建德智体美劳全面培养的教育体系,全面提升学生的劳动素养、实践能力和创新精神,促进学生全面发展。本制度将每三年进行一次全面修订,以适应教育政策的变化和学校实际情况的发展。

二、管理体系

(一) 组织架构

成立劳动教育领导小组,由校长担任组长,全面负责劳动教育的规划、协调与监督。副组长由分管教学和德育的副校长担任,具体负责教学管理和德育工作的融合推进。成员包括教导处、德育室、总务处、少先队、劳动教育专职教师及各年级组长,形成跨部门协作机制。

(二) 职责分工

教导处：负责制定劳动教育课程计划,组织教学教研活动,评估教学效果,提升教学质量。

德育室：负责将劳动教育融入学校德育工作,培养学生正确的劳动观念和良好的劳动习惯。

总务处：负责劳动教育设施、设备、材料的采购与管理，保障劳动实践活动的顺利进行。

少先队：组织丰富多彩的劳动实践活动，营造崇尚劳动、尊重劳动的校园氛围。同时，引入学生代表参与劳动教育的规划、监督和反馈。

三、课程设置与实施

（一）课程内容

依据国家课程标准和学校实际情况，设置分层次、系统化的劳动教育课程，涵盖日常生活劳动、生产劳动和服务性劳动三大领域。结合学校金石文化特色，开发篆刻、拓印、农耕等特色劳动课程，传承中华优秀传统文化，增强课程的趣味性和实践性。

（二）实施方式

采用项目式学习、情境教学等方法，引导学生通过设计、制作、试验等方式参与劳动实践活动，实现做中学、学中做。注重亲历实践，将动手与动脑相结合，让学生在劳动实践中感悟劳动价值，培养劳动精神。定期举办劳动周、劳动节等活动，集中展示劳动教育成果，增强学生的劳动荣誉感和成就感。同时，关注特殊学生的劳动教育需求，提供适合他们的劳动教育内容和方式。

四、师资队伍建设

（一）教师配置

配备专兼职结合的劳动教育教师队伍，确保每门课程有专人负责教学。聘请具有丰富实践经验的校外专家、工匠艺人担任兼职教师或专业导师，提升教学质量和专业化水平。

（二）教师培训

定期组织劳动教育教师参加专业培训、教学研讨等活动，提高教师的教学能力和专业素养。鼓励教师开展劳动教育课题研究，探索符合学校特色的劳动教育模式，形成研究成果并推广应用。对于在劳动教育中表现突出的教师，学校将给予相应的奖励和激励。

五、资源保障与安全管理

（一）资源保障

充分利用校内外资源，建设劳动实践基地、教室等专用场所，配备必要的教学设施和设备。加强与社区、企业、农业基地等的合作,拓展劳动教育实践平台,丰富劳动教育资源。同时,建立劳动教育成果展示平台,用于展示学生的劳动作品、心得体会等。

(二)安全管理

制定详细的劳动教育安全管理制度和应急预案,并定期进行修订和更新。明确安全管理责任人和职责分工,确保安全管理无死角。定期组织安全教育和培训活动,增强学生的安全意识和自我保护能力。同时,加强教师的安全教育和管理能力培训。加强劳动实践场所的安全检查和隐患排查工作,确保场所设施安全无隐患,为学生提供安全的劳动实践环境。定期进行安全演练,确保师生能够熟练掌握应急处理技能。

六、评价与反馈

(一)评价体系

建立多元化、全方位的劳动教育评价体系,包括学生自评、互评、教师评价、家长评价及社会评价等多个维度。注重过程性评价与结果性评价相结合,全面评估学生的劳动态度、劳动技能、劳动成果及劳动价值观等方面的发展情况。

(二)反馈机制

定期收集师生对劳动教育课程的反馈意见,通过问卷调查、座谈会等形式了解师生的需求和建议。根据反馈意见及时调整和完善教学内容和方式,提高劳动教育课程的针对性和实效性。加强与家长的沟通与合作,共同关注孩子的劳动教育成长过程,形成家校共育的良好氛围。增设长期跟踪评价机制,对学生劳动教育成果进行持续评估,并将结果反馈给师生和家长,以促进持续改进。设立一个灵活的调整机制,若遇到教育政策、学校实际情况或学生需求等方面的重大变化,能够及时调整制度内容。

七、附则

本管理制度自发布之日起实施,由方泰小学劳动教育领导小组负责解释和修订。全体师生应自觉遵守本制度规定,共同推动劳动教育工作的深入发展,为学生的全面发展贡献力量。

第五章

金石烁烁："金石文化"可持续创新系统构建

第一节　理念创新：以守正开拓丰富金石文化育人价值
第二节　方法创新：以技术迭代拓展金石文化育人手段
第三节　路径创新：以多方合作探索金石文化育人形态

第五章 金石烁烁:"金石文化"可持续创新系统构建

方泰小学致力于通过金石文化的创新实践,推动学校的可持续发展,其核心精髓在于精心构建了一个全面而深入的金石文化可持续创新系统。这一系统以金石文化为灵魂与核心,深度挖掘并拓展其蕴含的教育价值,旨在通过一系列创新举措,让金石文化在校园内焕发新生。

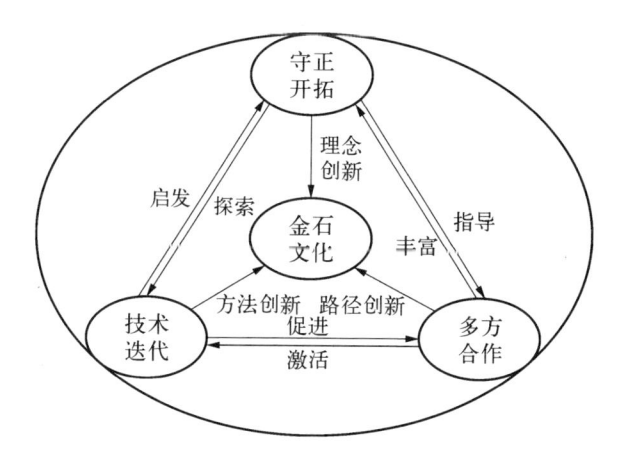

图 5-1 金石文化可持续创新架构逻辑图

首先,该系统强调守正开拓,即在坚守传统文化精髓的基础上,勇于探索金石文化的新领域与新内涵,以此丰富其育人价值,并坚定不移地践行金石文化的核心理念,实现文化的持续创新。这不仅体现在对金石文化精神内涵的深入挖掘上,也体现在将其融入日常教育教学活动,使之成为引领师生成长的重要力量。其次,注重技术迭代在金石文化传播与育人手段中的应用,通过引入现代科技手段,如数字化展示、虚拟现实体验等,拓宽金石文化的育人渠道,实现育人内容与方法的革新。技术迭代不仅为金石文化的传承提供了更为生动、直观的方式,也促进了师生创新思维与实践能力的培养,实现了技术与文化的深度融合。再者,系统倡导多方合作,包括与家庭、文化场馆、艺术家、科技企业等多领域的合作伙伴携手,共同探索金石文化育人的新形态,保持路径的创新性。这种合作模式不仅为金石文化的传播提供了更广阔的平台,也为不同文化、知识与技术的碰撞交融提供了可能,激发了新的创意与灵感。

值得注意的是,这三条创新路径——守正开拓的理念创新、技术迭代的方法创新、多方合作的路径创新,并非孤立存在,而是相互依存的整体。守正开拓的理念为多方合作提供了方向性的指导,确保了合作内容的深度与广度;多方合作则为技术迭代提供了丰富的应用场景与反馈机制,促进了技术的快速迭代与优化;而技术的每一次革新,又反过来激发了对金石文化更深层次的理解与创新,推动了理念与合作的不断升级。学校通过坚持理念创新、方法创新、路径创新的有机结合,不仅为金石文化的持久发展注入了不竭的动力,也为学校文化的建设探索出了一条独特而富有成效的路径,成为金石文化传承与创新的典范。

第一节 理念创新:以守正开拓丰富金石文化育人价值

方泰小学的金石文化的育人价值从来不是一蹴而就,金石文化可见的发展有二十年,而方泰小学办学历史已然超越百年,学校最终形成的金石文化育人价值历经风雨,是在时代变迁、不断探索中得以逐步实现的。

一、金石文化理念创新的轴线

金石文化变迁发展历程与创新的精神谱系,可以总结为两次金石文化的成功"定位"。第一是在学校内部,立足于学校文化系统,找准了金石文化的价值定位,遵循的是学校文化建设的价值逻辑与学校立德树人的育人逻辑;第二是在学校外部,抓住学校的区位条件、办学特点的优势,锚定了金石文化的社会定位,遵循的是学校建设发展的历史逻辑与服务地区发展与国家需要的社会逻辑。金石文化在两条创新轴线的交会之处生长繁荣,逐步成为学校生存发展的核心支撑。

在金石文化的内部创新轴线上,金石文化遵循如下两个逻辑——

第一,学校文化建设的价值逻辑。金石文化是学校文化的重要核心,从传统文化中汲取营养,其核心价值以师生共同追求的坚韧、至诚、大爱、智慧的金石品质集中展现。学校"立本生道"的办学理念中,坚持文化立校、以文化人,始终贯彻的是对金石品质的孜孜追求,关乎师生的内在、行动与理想;金石文化同样融入在学校文化建设的重要抓手——校风校训之中,以"点石成金 大美无言"为校训,以"金石为开 美人美己"为校风,以"金石之品 各得其美"为学风,将金石品质与金石文化融汇于学校教育教学的方方面面。

第二,学校立德树人的育人逻辑。金石文化处于学校文化生态的核心位置,金石文化以守正创新的姿态不断在学校育人中丰富发展自身。学校的金石文化发端于课程,在早期篆刻课程中,赏、识、书、临、创的学习模块旨在帮助学生掌握特定的知识技能,接受文化的熏陶。后续经过"大美金石"综合课程迭代,"金石言史""金石言情""金石言韵""金石言志""金石言创"五个学习领域为学生成长发展提供了重要支撑。在物质文化融入方面,随着校园金石十景的建设与更新,金石文化得以在校园内外流转、在窗棂之间留痕。金石评价历经发展改进,趣、能、创、美的素养要求始终与金石品质紧紧相连。学校培养出的一位位"金石少年",修美行、习美慧、养美趣、育美情就是他们最好的写照。

在金石文化的外部创新轴线上,金石文化遵循如下两个逻辑——

第一,学校建设发展的历史逻辑。学校发展历史超过百年,历经办学波动的风风雨雨,始终坚守为国奉献、为民育人、心系社会的坚韧品性,从创始人陈乃钧先生到如今的方泰小学,一路走来的重视教育、重视文化的底色始终没有改变。学校二十年的金石文化建设过程,使得学校文化生态这一笔涂抹得越发厚重、浓墨重彩。金石文化推动学校发展是可持续的、是成功的。

第二,服务发展需要的社会逻辑。随着社会发展的变迁,学校坚持办学、立志教育、坚守文化的精神得以传承,可以说学校同时也是嘉定区金石文化发展的见证者与亲历者,传承金石文化是学校的历史责任与文化使命。无论是与社会主义核心价值观相结合,在家国情怀、传统文化上不断拓展深耕,还是紧跟现代科学技术发展,做好传统文化创新发展,立足当下、回望过去、面向未来的底色都一直彰显在金石文化的方方面面。

二、金石文化理念创新的生成

文化理念是学校文化建设的精神依循,是塑造教育品牌的灵魂根基。文化理念系统与文化构成要素中的精神要素相对应,是学校文化生态构成的精神核心,明确清晰、系统完整的文化理念意味着目标鲜明、方向明确，有什么样的精神内核就有什么样的学校文化生态。金石文化生态系统所依循的文化理念，定位于"文化立校""立本生道"之上，关注学校文化的突出育人作用，突出文化育人的办学特色，注重以金石文化为依托实现师生个体的自主发展与全面探索。

学校文化理念系统是一个多维度、多层次的体系，它深入地塑造着学校的独特气质和核心价值。第一，学校使命是学校存在的根本理由和追求的目标，它反映了学校对社会的责任与担当，激励着师生们不断追求更高的教育目标。第二，学校战略愿景是对未来发展的宏伟蓝图，它描绘了学校希望达到的理想状态，为全校师生提供了明确的方向和动力。第三，学校价值观作为学校文化的核心，承载着对教育本质的理解与追求，同时也是全体师生共同遵循的道德规范与行为准则。这一价值体系凝聚了学校的集体智慧与共同认同，是校园文化的灵魂所在。第四，学校精神是在长期发展过程中逐步积淀而成的独特气质与文化特质，它反映了全校师生的共同信念与价值追求，成为学校文化的精髓。学校精神不仅能够激发师生的积极性与创造力，还能为学校的发展注入持续动力，推动其不断迈向新的高度。第五，学校作风是学校师生在日常工作和生活中展现出来的行为特点和风格，它体现了学校的纪律性和规范性，是学校文化的重要体现。第六，学校口号是学校文化的外在表达，它以简洁明了的语言概括了学校的核心价值和特色，是宣传学校、展示学校形象的重要工具。方泰小学以金石文化赋予学校文化特色，借此实现学生培养、教师培育、文化繁荣的高质量发展。

金石文化在文化理念系统建构上的创新，关键在于对价值的把握，体现在以文化传承为价值基底、以立德树人为价值追寻、以文化打造为价值载体。文化传承，是中华文明与中华优秀传统文化的价值基底。小学阶段通过对篆刻技艺学习、金石文化体悟，初步形成对金石文化与传统文化重要性的认识，培育基本的文化自觉自信。在此基础上结合现代社会的实际需求，将其转化为推动社会进步的精神力量。金石文化不仅从实践形态——即知识学习和技法练习之中要求个体坚韧不拔、切磋琢磨、精深钻研，在其文化底蕴中更强调做一名坚实、坚定、坦诚的君子，这一理念与立德树人的有机契合构成了课程教学、评价指标的有益支持。文化打造是学校办学中的价值理念创新和可持续发展的重要载体，是学校风貌的集中体现，以金石文化作为学校文化核心，立足于百年学校发展、传统文化传承、时代育人要求，其创新在于将历史、现实与未来以文化为主线进行结合,从生活学习、学校家庭、个体社会等诸多方面入手,在传承与创新中不断发展。

金石文化理念创新,体现为传统文化的现代传承与教育使命的融合,不仅关注知识技能的传递,更注重通过金石文化的精神内涵,培养学生的道德品质与人文素养。金石文化作为一种育人理念,承载了学校对教育的深刻理解和实践,在创新生成中,持续推动着教育目标的实现和价值观的形成。

首先,金石文化理念创新的生成并非一蹴而就,而是在长期的实践中不断酝酿与丰富的。学校通过对金石文化精髓的不断提炼,将其融入日常教学与管理中,形成了具有学校特色的文化理念体系。体系的构建基于学校的历史发展脉络与时代需求。文化理念的生成不仅仅是理论上的构建,更是在教育实践中得到深度实施与体现。从篆刻技艺的传授,到金石文化的浸润,让学生在综合实践中体悟金石文化的内涵,进而将文化理念内化为自身的精神动力与行为指南。

其次,金石文化的创新在于对其传统内涵的深度挖掘与现代教育目标的有机结合。在金石文化的核心价值体系中,坚韧、至诚、大爱与智慧的金石品质是学校文化理念的核心要素。这些品质不仅符合中华传统美德的精髓,也契合现代社会对全面发展的个体需求。学校将金石文化中对个人品质的要求与教育的核心目标进行了精准对接,使其不仅仅是作为艺术技艺的传承,更作为一种教育理念,渗透到学校的各项教育教学活动、评价体系与师生日常的互动中。

最后,金石文化理念的创新还是全方位、多层次的,它不仅体现在课程与教学活动的设计上,也体现在学校文化建设的方方面面,推动学生在认知、情感、行为等方面的全面发展。金石文化中的"刚强正直"和"精益求精"不仅在文化浸润中成为学生精神成长的指引,也在教师的教书育人中得到了彰显。学校还通过一系列的校园文化活动和制度保障,推动金石文化在校园内外的广泛传播和应用,进一步巩固了这一文化理念的生动实践。

三、金石文化理念创新的实践

方泰小学的金石文化理念创新仍在继续,课程与活动始终站在金石文化理念创新的最前沿。本部分以学校有关金石文化建设的最新进展为案例,介绍学校金石文化在课程建设方面的两个创新方向。

(一) 金石文化的多源流创生

学校注重以金石文化为引领,进一步探索多样类型资源融入课程教学,实现综合育人,精心打造了一个立体化、多维度的育人体系,该体系通过多元化的课程设计与丰富的实践活动,让每一位学生在成长的道路上都能感受到幸福与成就感。

如学校的"行走的人文阅读"校本课程,就是将阅读项目与最具嘉定本土特色的轨交11号线相结合,以这条被称为"有文化的地铁线"为串联,设置五条阅读专列:科普阅读——"地铁"知识专列(科普类);童话阅读——中外童话专列(童话、科幻类);文史阅读——"海派"文化专列(文化、地理、历史、游记类);经典阅读——"孔子"文化专列(经典传统文化类);人文阅读——"沪上大师"专列(传记、小说、散文、杂文类)。挖掘轨交11号线沿线的孔庙,巴金、鲁迅故居,地铁博物馆,上海里弄等资源里的阅读元素,让学生在亲身游历与实践体验中加深阅读感悟。各年级学生在不同主题的引领下,踏上行走之路,开展丰富多彩的阅读活动,身临其境地去感受文字的魅力。通过人文行走阅读,从图书阅读到实地体验,从"我读他人"到"我来创作",让学生在阅读中了解自己生活的周围环境,也在行走中了解了不一样的阅读方式。独具特色的阅读专列,让学生学习科普常识、感受民族文化、走近名家大师、领略各国风采、享受快乐童年。人文行走阅读项目通过阅读和行走的融合,让阅读立体起来、活动起来,实现学习与生活的一体。

再如,学校毗邻上海国际赛车场,依托地域优势,充分挖掘世界一级方程式锦标赛(FIA Formula 1 World Championship,简称"F1")这一当今科技含量最高的赛事项目里的科技元素,分别从科学、技术、工程、艺术、数学五大维度构架起了"走进F1的科创世界"STEAM(科学[Science]、技术[Technology]、工程[Engineering]、艺术[Arts]和数学[Mathematics]五大学科的英文首字母缩写)课程,将F1涉及的科创内容,融入具体学科,进而综合至课程项目,推进STEAM教学的本土化。

在"走进F1的科创世界"课程中,STEAM教育理念得到了较为充分地发挥,体现了金石文化极为注重对实用和审美的双重要求以及功能与艺术兼顾的思想。科学领域包含F1赛车背后深厚的空气动力学等科学知识,技术领域关注F1赛车发展与进步中从赛车材料的创新到驱动原理的革新等技术原理,工程领域帮助学生理解工程设计的复杂性与实践应用,艺术领域引导学生领会赛车外形以及车队、旗帜、服装和头盔的创意设计中蕴含的丰富文化内涵和创意灵感,数学领域从赛车手和车队的积分统计到赛车的燃料计算,无处不在。金石文化所蕴含的工匠精神、审美意识、创新能力等也处处体现在课程的设计与教学中。如其中的艺术部分,能让学生理解到艺术如何在科技创新中找到自身的价值,并借此激发学生的创意和美学意识,体验到金石文化中的美学追求。

(二) 金石文化的多学科融合

学校将不同学科的知识、方法和精神融入学校教育的各个方面,以促进学生的全面发展。以第四章中提到的"大美金石"综合课程为例。"大美金石"综合课程综合运用多门学科知识,将学习活动的主题融合和统整于项目的学习过程中。在自然、道德与法治等学科中,渗透石材的原料产地、地形地貌等知识,体会祖国的地大物博;在道德与法治、语文等学科中,通过对从金文、篆文到现代汉字的进化史等知识的了解,感悟祖国历史长河中所取得的伟大成就;在道德与法治、美术、语文等学科中,感受金石家身上所体现的优秀品质与人格魅力,浸润人文意蕴与历史传承;在语文、美术、音乐等学科中,领略篆刻、书法等中华优秀传统艺术的博大精深;在美术、劳动、信息科技等学科中,系统学习篆刻知识与技能技法,并借助现代化技术手段,赋予传统艺术创新元素。

此外,在"大美金石"综合课程学习中,基于学生经验,在学生认知中,确立需要解决的情境化问题,经过"发现问题""提出问题""分析问题""提出假设""评价验证""得出结论"等几个阶段,在解决问题的过程中,让学生的综合素养得到提升。通过"大美金石"课程的学习,学生最终形成了一个或一系列作品成果。这些作品成果主题多样、内容新颖、形式创新,如图片、音频、视频、戏剧表演、实物模型、文字作品等,充分体现了学生学习的个性化表达,更好地阐释了知识的融会贯通。如通过"金石言志"板块的学习,一个小型的"石头秀"展览会在校园里开展起来,从石头的采集、摆放,到石头的介绍、命名,再到现场的讲解、展示,学生们把对美的追求,对传统文化的探寻与创新,用不同的方式表达出来,并做成影像资料,进一步推广学习成果。

附：多学科融合实践案例

语文学科中的金石精神

一、教育背景

学校金石文化建设，通过全方位规划、实施，不断积淀文化底蕴，并以此作为提升学生核心素养的重要载体，帮助学生在优秀传统文化的熏陶中，得到美的享受。

二、课例分析

"口语交际：名字里的故事"是一个可以有效链接课堂和生活实际的主题，并能将审美内涵注入其中，让学生留下深刻印象。

（一）低年段铺陈，赏金石之美

记得在小学低年级主题式综合活动课程中，班级曾经深入开展了"小石探姓氏"的活动，学生除了从语文课本里的《姓氏歌》中学到了介绍姓氏可以通过拆分再组合的方法，如"言午许，弓长张，子小孙，美女姜……"教师在课堂中适当拓展：诵读《百家姓》片段；亲子查阅百家姓中的大姓的说法；亲子认识复姓，了解历史上复姓名人的资料，等等。学生清楚地知道对于姓氏，自己别无选择，不可随意更换，姓乃是家族的传承。低年级课堂中的"赏金石"活动，学生欣赏了各类姓氏的篆体，并动手描绘自己的姓氏，让学生从感官和言语中初步感受金石的魅力。教师适时采访，学生谈谈感受。

例1：

生1："篆体字很复杂，很难认，以前我从来没有见过。"

师跟进：篆体字确实有它独特的魅力，学校的各个地方都有这些神奇的文字，等着你们去找寻呢！

生2："原来我的姓用篆体书写，是这样的，很特别，我很喜欢。"

师跟进：是呀，篆体给我们的姓氏来了一次全新的变装，我们在宋体、楷体的基础上又认识了一种字体。

生3："我的姓，用篆体刻在石头上，可以成为印章，我像一个很厉害的人。"

师跟进：确实很多厉害的名人都会刻印，将自己的名字，或是自己很喜爱的名言刻在印章上保存。

师铺垫：其实我们学校一直在实施"大美金石"综合课程，小朋友们就像一块块小石头，在老师和家长的教导下，大家都能"点石成金"，成为闪亮的存在。我们还需要"小石头"带领我们，成为更出色的自己。

课堂中老师的教育，让学生对"金石"有了极大的兴趣，孩子们将自己姓氏的篆体样式，以及听来的有关"金石"的这一话题向家人分享，作为新鲜事给家长介绍，一定程度上，将课堂所学延伸到家庭，口语交际也在生活中真实发生了。

后续发现，学生开始像寻宝般，在上下楼的时候，在倒水的路上，在去厕所的途中，总能看到停下脚步的小身影，他们在欣赏，在谈论，在询问。"金石"这个名词像一颗种子，已悄悄种入孩子幼小的心田。

(二) 中年段提升，悟金石之美

"口语交际：名字里的故事"课堂上，学生回忆了低年级的相关"金石探姓氏"活动，清楚大方地介绍自己的姓名。说到姓时，大家会这样说。

例2：

生1："我叫李××。我姓李，木子李，我跟爸爸（妈妈）姓，这是我们家族的传承。"

生2："我叫郑××。我姓郑，我和爸爸妈妈一个姓，很巧的是他们都姓郑。爸爸和妈妈有时会说，我是他们各自家族的传承者。"

生3："我叫张××，我出生在山东菏泽一个叫张家村的地方，我们一个村子里的人都姓张，所以我也姓张。"

师评：几位同学说得很清楚，姓氏是家族的传承，我们的姓，就代表着我们有着传承家族美好品德的责任。

本堂课的重点是"名字里的故事"，名字里的故事更多是家人的殷殷期盼和美好的祝愿。每位同学的名字肯定都有特别的来历，学生在预学阶段，与家长交流后，大致了解名字的来历，知道起名时也许还有一段特别的故事。

例3：

生1：我叫×玉鑫，我的姓是……妈妈说名字中的"玉"指像玉石一样珍贵，我就是爸爸妈妈最珍贵的礼物。"鑫"是三个"金"的组合，家人希望我能很富有。

师：名字中有父母美好的期许。一个玉、三个金，都是珍贵的代表。

生2：我叫×鑫宇，我的名字里也有三个"金"，我的名字是我爷爷取的，爷爷找了算命先生，说我五行缺"金"，希望我补足，所以名字里有了"鑫"。

生3：我叫×鑫瑶，"瑶"中有"王字旁"，古时候叫"玉字旁"，我的爸妈同样也是认为我像玉一样宝贵。而三个"金"，爸爸说可以有不同的含义，第一个"金"表示我可以很富有，第二个"金"代表我能像金子一样发光，第三个"金"我有点想不起来了。

师：其实第三个"金"，你可以有自己的理解。

生4迫不及待：你是金石少年呀！你的照片和名字将会出现在学校金石走廊里。

生5脱口而出：你还可以说点石成金、金石可镂。

师问生3：你现在可以说说你第三个"金"可以有什么含义了？

生3：第三个"金"也许是安排好我以后可以成为学校的"金石少年"吧。

师：看，你对第三个"金"有了自己的理解，也希望你能一直用"金石少年"的标准来要求自己。

师提升：其实刚才的三位同学名字里的"鑫"，三个金可以有不同的含义。另外，大家肯定注意到"鑫"是品字结构，品质的代表，大家常常听到或看到"点石成金""金石可镂"。学校也如我们的大家长，期望大家能有金石一样的品质。

（三）高年段提炼，铸金石品质

"点石成金　大美无言"的校训，"像金子一样闪亮的金石品质""锲而不舍，金石可镂"……这些句子，学生到了高年段定是耳熟能详，也必定能给低年段的学生做好示范和引领。因为"金石"在高年段学生的心中早已扎根颇深。

"金玉之声"广播站的广播员和小记者、"金石少年讲解员""金石之星"等就像活跃在学校各个角落的一个个活脱的"小石头"，他们在分享，他们在服务，他们在"炼金"。也许你会听到这样响亮的声音：

例4：

金石少年：大家好！我是方泰小学×××，"方"是一方印的"方"，"泰"是稳如泰山的"泰"。不管是一方印还是屹立的泰山,是不是能让你想到四四方方的石头。方小的特色是篆刻,老师们正如一把把刻刀不断打磨我们一块块石头。经过不断地雕琢,请静待"点石成金,璞石成玉"的一日。请记住我,我是小石头××××。

第二节　方法创新：以技术迭代拓展金石文化育人手段

在教育领域这片广袤的天地间，技术的每一次迭代都如同春风化雨，为传统教育模式带来了前所未有的革命性变化，不仅深刻影响着知识的传授方式，更在潜移默化中重塑着教育的灵魂。方泰小学，这所承载着深厚文化底蕴与前瞻教育理念的学校，正以一种积极的态度和敏锐的洞察力，紧跟时代的步伐，将智能化、数字化技术的浪潮巧妙地融入金石文化打造之中，以此不断拓展教育的边界，创新育人的手段，让古老的金石文化在新时代焕发出勃勃生机。

一、技术融入文化创新

学校深知，要在这瞬息万变的时代中立足，就必须紧抓时代动向，将金石文化这一瑰宝与现代社会的生产实践紧密结合，依托技术创新的力量，推动金石文化的重塑与再造。这一过程，既是对传统文化的一次深刻挖掘，也是对现代教育理念的一次大胆探索。

首先，学校致力于将技术发展与金石文化深度融合，持久地关注着传统文化在新时代的适应性，努力发掘其与现代社会的契合点。学校深刻认识到，尽管技术日新月异，但传统文化中蕴含的精神内核——坚韧不拔的意志、勇于创新的勇气、精益求精的态度却是永恒不变的。因此，学校通过一系列精心设计的教育活动，将这些精神与时代生活紧密相连，挖掘并强调其在当代社会中的新价值。通过金石文化的浸润，学生不仅能够培养优良的品质，还能在创新的道路上勇往直前，不断探索未知的世界。在技术更新的推动下，金石文化得以开辟出全新的实践领域，学校则紧跟智能化、数字化的发展趋势，将最新的技术纳入文化体系之中。学校开设了"数字金石"等富有创意的课程，让学生在参与现代数字金石作品的设计创作中学习成长，培养出既尊重传统又面向未来的综合能力。

其次，学校充分利用智能化、数字化技术的优势，为学生打造了一个更加丰富多彩、高效便捷的学习环境。学校围绕学生综合能力的培养,通过技术的引入,不仅丰富了学习资源,还优化了学习方式。在这一过程中,学校特别注重"新"字当头,树立学生从0到1的探索精神,再形成1到100的熟练与质变,从而培养他们的创造性生成能力和迭代更新能力。具体实践中,学校不仅教授学生多样化的金石篆刻技能,还鼓励他们跳出传统手工篆刻的框架,面向未来、面向实践需求进行创新和尝试。

再次,技术赋能不仅惠及学生,也为教师的专业发展和教学改进带来了前所未有的机遇。面对现代智能化、数字化技术的挑战,教师积极应对,不断提升自身的专业素养和技术能力。他们不仅自身要掌握智能化、数字化基本技能,还要以更加开放的心态参与到团队学习中去,与学生共同进步、教学相长。同时,人工智能、大数据模型等先进技术的应用也为教师的教学方法改进提供了有力支持,教师可以实现一对多的教学范围扩大、持续监测评价的时间扩展,以及最终评价的标准多元。

二、技术融合实践案例

"数字金石创艺"课程是学校将金石文化与智能化、数字化融合的最新成果。课程聚焦"提升学生的创造力"核心目标,围绕"问题解决、创意物化"两大关键环节,探索"科技+人文+创意"在拔尖创新人才贯通培养中的实施路径。

课程对学生提出了如下要求:初步了解数字时代背景下新的艺术形态,掌握数字化设计软件的使用方法,包括平面设计软件和三维建模软件;通过欣赏数字艺术作品和金石篆刻作品,结合项目实践,掌握艺术设计的方法,拓展设计思维,在感受美、创造美的过程中提升审美情趣和创新精神;通过主题创作,感知丰富多彩的传统文化,正视科技对传统文化的赋能与影响,使以篆刻为基础的金石文化在传承和发扬中持续创新。

如图5-2所示,以选修课形式面向三年级学生开设"数字金石创艺·设计"课程,四年级学生开设"数字金石创艺·智造"课程。

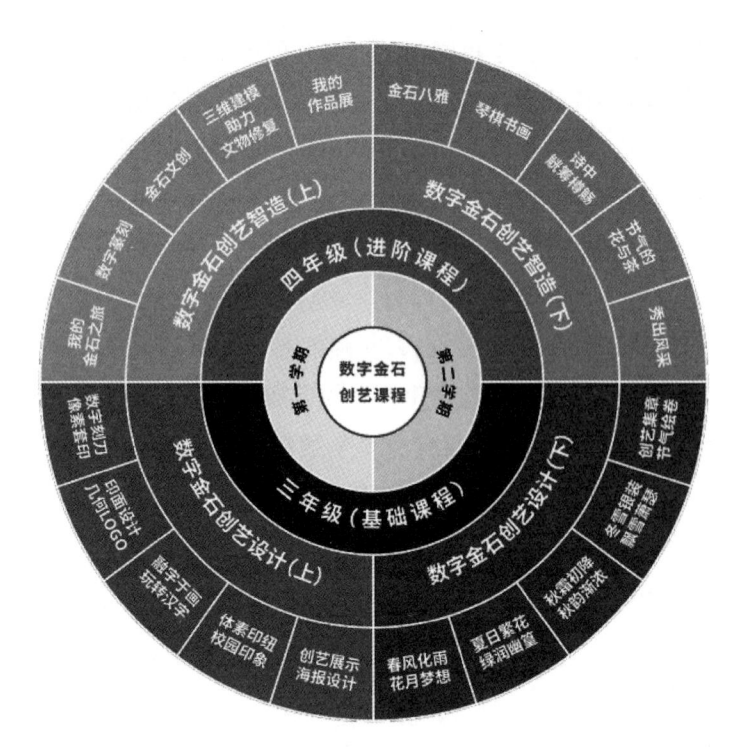

图 5-2 "数字金石创艺"课程图谱

表 5-1 "数字金石创艺"课程大纲

"数字金石创艺·设计"课程大纲				
序号	单元主题	课时	学习内容或活动	实施建议/要求
1	数字刻刀：像素套印	4	1. 新时代数字刻刀； 2. 像素风格作品创作； 3. 套印图纸设计。	1. 建立团队，以学习手册记录团队的成长； 2. 以"做中学"的方式，指导学生熟悉并掌握软件，并以套印为切入点，激发学习兴趣。
2	印面设计：几何LOGO	6	1. 猜一猜：LOGO知多少； 2. 趣幻几何：超级变变变； 3. 印面图案设计； 4. 数字印面创作：布尔运算与形状生成器； 5. 数字金石篆刻：激光雕刻印面。	1. 启发式教学，通过案例剖析，梳理设计思路，达成从基本几何图形到创意LOGO设计的演变，培养创意思维； 2. 结合现代化技术，让设计落地，以成品促进学习。

续　表

			"数字金石创艺·设计"课程大纲	
序号	单元主题	课时	学习内容或活动	实施建议/要求
3	融字于画：玩转汉字	6	1. 找一找：躲藏的汉字； 2. 异质同构创意训练； 3. 玩转汉字：文字绘画大比拼； 4. 数字创意印面：趣味汉字创作； 5. 数字金石篆刻：激光雕刻印面。	以创意训练为主，结合汉字文化，形成传统技艺与现代创意的碰撞，开拓拓展艺术视野。
4	体素印纽：校园印象	8	1. 迷你世界：轻量级体素编辑器； 2. 感受校园气息，分析校园建筑结构； 3. 选取校园特色建筑，创建校园体素模型； 4. 3D打印校园模型，打造制成印纽。	1. 采用先探索、后提问、再补充的方式进行软件教学，培养学生自主学习和探究的能力； 2. 由浅入深、层层递进，结合第二单元的几何图形训练，将校园建筑几何化、结构化，从二维转向三维，逐步提升学生空间思维能力； 3. 3D打印前教师需帮助学生完成切片。
5	创艺展示：海报设计	6	1. 合体：印面与印纽； 2. 分析：海报原则与要素； 3. 排一排：排版设计要素； 4. 设计：以海报形式呈现设计的印面和印纽。	1. 学以致用，让设计回归创意，以创意海报形式呈现学习成果； 2. 建立展示分享平台。

			"数字金石创艺·智造"课程大纲	
序号	单元主题	课时	学习内容或活动	实施建议/要求
1	我的金石之旅	2	1. 了解金石学的基本概念与历史发展，探索中国金石篆刻在中华文化中的重要地位，了解本课程中所需要学习的数字艺术技能； 2. 完成3—4人的小组组队，明确自己的学习目标，并学习如何制定团队目标。	1. 使用多样化的教学材料，包括技术手册、艺术作品展览目录等，以便学生从不同角度了解金石篆刻的历史、文化和数字技术； 2. 通过学习手册记录学生学习过程和成长。安排学生组成小组，在小组内共同完成项目或创作任务。

续　表

			"数字金石创艺·智造"课程大纲	
序号	单元主题	课时	学习内容或活动	实施建议/要求
2	数字篆刻	6	1. 引介激光切割技术在金石篆刻中的应用,学习激光切割原理与技术特点; 2. 学生通过学习并掌握平面设计软件中的绘制工具,设计篆刻图案和金石样式,实践激光切割在材料上的运用。	1. 以实践为主,让学生亲身体验激光切割技术,将所学设计知识应用于创作实践中; 2. 通过小组合作促进讨论和创新,同时培养团队合作能力。
3	金石文创	8	1. 将文创纸雕工艺与金石文化结合,利用所学数字技能实践文创纸雕技术,创作结合篆刻元素的作品; 2. 思考如何在文创纸雕作品中实现光影效果,探讨文创纸雕在传承与创新中的作用。	1. 使用真实案例分析,展示金石篆刻与现代技术融合如何创造出文创作品,激发学生的创意思维; 2. 建立分享平台,分享相关的学习资料、创作经验和技术教程,帮助学生在课程结束后继续学习和探索。
4	三维建模助力文物修复	12	1. 了解文物修复与考古的历史渊源; 2. 学习三维建模软件,尝试古代器具的二次创作。	在实践过程中,提供个性化指导和反馈,帮助学生发掘自己的创作风格和技术潜力。在技术创新的同时,强调对传统文化的尊重,引导学生理解和传承传统文化的重要性。
5	我的作品展	2	1. 学习如何策划作品展览,探讨金石艺术作品的市场价值与推广; 2. 将所学技术与知识转化为实际营销方案。	给学生提出开放性问题,鼓励他们思考如何策划独特的艺术展览,探讨技术与创意之间平衡,激发学生成就感,提供展示和交流的平台。

在学习过程中,学生以问题为导向,在课程中直面真实且具有挑战性的问题,在尝试解决问题的过程中培养批判性思维和解决问题的能力。以合作学习为抓手,以小组为单位共同合作完成任务或项目,培养团队合作、沟通和协调能力,通过互相学习和分享提升整体学习效果。以项目化学习为路径,通过深入研究和实际操作,完成一个课

题或项目。以数字技术融合为特征,将数字技术与课程内容结合,利用多媒体、网络等手段丰富教学形式,提升学习体验。

在课程评价方面,本课程依据激励性评价、差异化评价、形成性评价相结合的原则力求突出评价主体多元、评价标准多元、评价内容与方式多元,避免评价唯一、终极结果唯一的现象。在评价方式上,将过程性评价与终结性评价相结合。其中,过程性评价是由教师观察学生的课堂活跃度、任务参与度、合作交流能力、批判性思维及纵向成长情况,根据学生的课堂纪律、答题情况、操作熟练度、进步程度等方面,及时给予积极的鼓励、建议和指导。这个过程中,教师关注学生的学习过程,鼓励他们积极参与课堂活动,同时提供针对性的指导。而终结性评价,则是在每个阶段性项目结束时,教师组织学生进行作品展示与交流,根据学生的作品完成度、作品创意性、作品美观度三个方面进行讲评,评估学生的知识技能掌握情况,技术手段的灵活应用,以及他们的审美感知和人文底蕴,了解他们在这段时间内的学习成果和进度。

方泰小学以技术迭代拓展金石文化育人手段的实践,为教育领域提供了宝贵的经验和启示。学校通过智能化、数字化技术的运用,不仅拓展了教育资源,还提升了教育质量,培养了学生的综合素质。学校在技术迭代与金石文化育人手段拓展方面的创新实践,依托的是学校在技术层面进行了深入的探索和应用,而且在教育模式、教学方法和学生能力培养等方面都取得了显著的成效。

第三节　路径创新：以多方合作探索金石文化育人形态

在当代教育领域，文化育人已成为一种重要的教育理念和实践路径。方泰小学以其独特的金石文化为纽带，通过多方合作，探索出了一条具有创新性的教育发展道路。本节将详细阐述学校如何通过家校合作、场馆合作和校际合作，构建起一个全面的合作网络，以实现资源范围的拓展和教育质量的提升。

一、家校合作：家庭成为文化育人的重要阵地

家校合作是方泰小学金石文化育人形态的重要组成部分。金石文化具有流传、流动的重要特征，融合了学校场域的教师学生、家庭场域的家长、社会场域的专业人士的多方面参与，他们不仅是支持学生金石文化学习实践的重要协助者，同样也是金石文化传承发展的支持者与创造者。在这一过程中，学校的金石文化建设正是连接多个主体的重要纽带，不仅在于以多种形式提供多主体参与的平台，更在于唤起教师、家长、社会人士对金石文化的关注与兴趣，从而进一步促发展成文化学习、文化传承、文化发展的合力。

在家校合作中，学校多措并举，多维度实施家庭教育指导。

（一）激励唤醒策略，增强责任使命

学校建立了"金石家长"评价指标，将家长的家庭教育职责融入其中，并通过家长会、家长学校、家长沙龙，有意识引导家长回顾自身在异乡的奋斗历程，描绘对孩子未来的成长期望，帮助家长逐步反思"缺少亲子陪伴"等家庭教育上不足。每位教师以"精诚所至，金石为开"的毅力，不断唤醒家长对家庭教育的使命感，给予每位家长"奋发有为，点石成金"的信心，陪伴孩子共同成长。

（二）开发家教课程，提升指导能力

学校、教师与家长共同开发编写了包括基础课程、专题课程和个性化课程的"小石头爸妈"课程，形成了一系列行之有效的家庭教育指导方法。

第五章 金石烁烁:"金石文化"可持续创新系统构建

```
小石头          基础课程 ── 家校共育  ┬─ 习惯养成  ─ 协同育儿
爸妈课程                    助成长    ├─ 生命教育  ─ 法制教育
                                     └─ 爱国教育  ─ 生涯启蒙

              专题课程 ── 小石头家·  ┬─ 一年级:幼小衔接 ─ 二年级:劳动教育
                         家分级课程  ├─ 三年级:情绪管理 ─ 四年级:防网络沉迷
                                     └─ 五年级:青春期教育

              个性化课程 ┬ 小石头家·家读书乐 ─ 阅读习惯养成指导 ─ 校园读书节活动课程 ─ 人文行走阅读课程
                         └ 小石头健康加油站 ─ 体质弱势生健康指导课程
```

图 5-3 "小石头爸妈"课程结构图

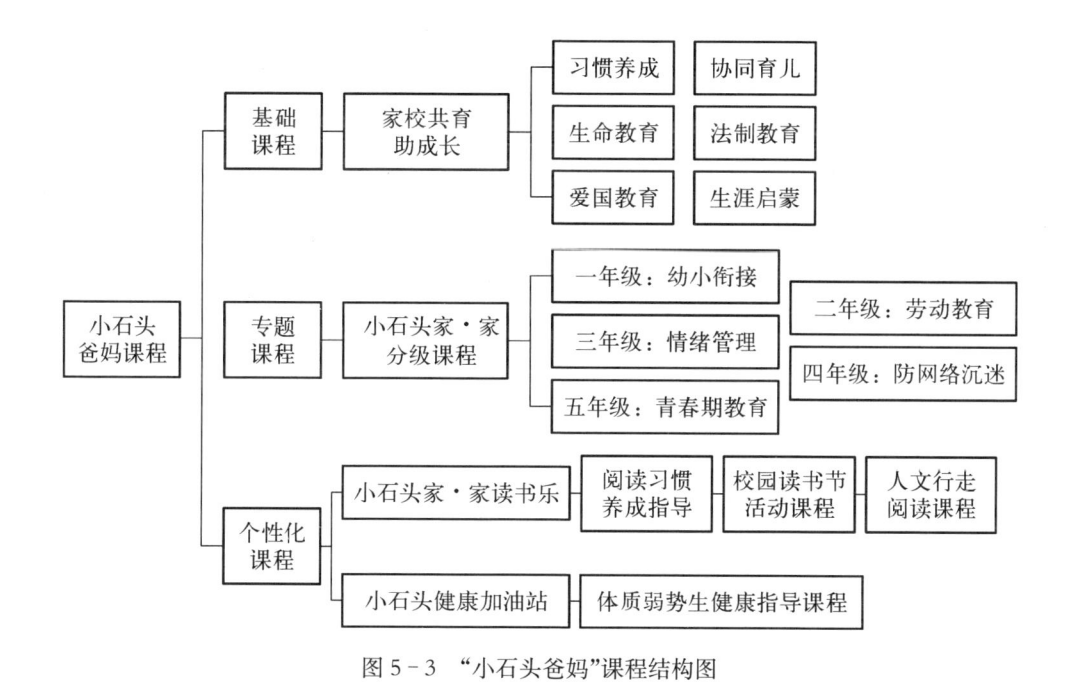

基础课程:认真研读《全国家庭教育指导内容大纲》和《上海市 0—18 岁家庭教育指导内容大纲》(修订)中 6—11 岁儿童家庭教育指导内容及要求,结合学校学生特点和家长需求,打造普适性课程"家校共育助成长",涵盖习惯养成、协同育儿、生命教育、法制教育、爱国教育、生涯启蒙等内容。学校根据最新的教育形势,不断完善授课内容。

专题课程:在普适性课程学习的基础之上,家长在育儿过程中还是会面临不同的困惑或问题。专题课程"小石头家·家分级课程"聚焦不同年级、不同家庭和关键时段家庭教育指导的重点与难点问题,对重点和难点问题进行深入探讨。一年级的重点是幼小衔接,二年级关注培养孩子的劳动意识、劳动技能和劳动素养,三年级注重学生主体的情绪管理,四年级结合网络背景强化防沉迷教育,五年级进行青春期预备教育,形成整体系统的分阶段协同课程。

个性化课程:"小石头家·家读书乐"围绕家长和家庭两个层面,聚焦指导家长如何为孩子创设良好的阅读环境,如何激发孩子的阅读兴趣,如何为孩子选择适合的阅读书目,如何辅导孩子阅读的方法,如何给孩子制定阅读方案,如何指导孩子学会记读书笔记等。此外,为促进学生健康成长,针对一部分体质弱势学生及其家长,由体育教师和心理教师领衔,打造了"小石头健康加油站"课程,为学生的健康成长加油助力。

(三) 立足家情生情,指导有的放矢

"小石头家·家读书乐"课程中的第一个"家"是家长,第二个"家"是家庭。即以阅读活动为切入口,提升家长的家教水平,提高教师的指导能力。

1. 倡导亲子共读,营造阅读氛围。由教师和家长共同研讨,给学生开出阅读书单,向家长推荐合适书目。倡议家长为孩子摆上一张小书桌,和孩子一起布置阅读角,制定阅读时间表,打造家庭"金石书房"。将亲子共读情况作为"金石少年""金石家长"和"金石家庭"评选指标之一。班级层面,在教室里开辟读书园地,借助线上平台的"班级圈"功能开展阅读分享;年级层面开展故事会、朗诵会、演讲会、辩论会等活动;校级层面开展"家庭读书会",邀请家长来校分享家庭亲子阅读中的体会、乐趣、经验等。

2. 利用社会资源,亲子共游共学。在学校组织下,定期开展"人文行走亲子阅读"实践活动,以"City walk"的形式,组织学生与家长在亲身游历与实践体验中加深阅读感悟,促进亲子交流。例如,在"人文阅读——沪上大师专列"线路中,学生和家长走进文学大师巴金先生位于武康路的故居,了解巴金先生的生平事迹,学习他的治学精神,感悟其人格魅力和崇高情怀,并以一场"巴金作品亲子朗诵会"的形式,表达所见所思所悟。又如"寻访鲁迅足迹"阅读探索活动,在鲁迅纪念馆、鲁迅墓地、内山书店旧址和鲁迅故居,学生根据答题卡上分配的任务,通过问题解答、现场寻访、作品上传,跟随鲁迅的足迹,对生活中的鲁迅其人作了一次"深入阅读"。老师还会邀请科技、文学、朗诵等方面的专业人士对学生及家长进行指导,实现"与大师面对面"。

(四) 实施文化浸润,实现价值认同

学校以独有的金石文化为主线,串联起家长和学校融合成一个大家庭,增进互相了解、彼此认同,在上海这个第二故乡,在嘉定这座江南历史文化名城,寻找到自己的价值感和归属感。

1. 引导家长成为优秀传统文化的探究者。学校发现大多数家长受生活环境和家庭条件的限制,较为缺乏认识美、表现美的机会,于是将金石篆刻作为审美对象,在指导家长和孩子学习篆刻知识技能时,引导他们不断体验其中的美学意蕴,感悟优秀传统文化的独特魅力。家长领着孩子对金石文化所蕴含的情感价值、道德品质、创新思维等元素做进一步深挖,在不断积淀自身文化素养的同时,也成为开展家庭教育的另一有力抓手。

2. 鼓励家长成为优秀传统文化的传承者。组织家长和孩子一起收集整理自己家乡的传统文化特色和流传至今的家风家训,在学校"金石文化节""美育嘉年华"期间,以歌舞会、脱口秀等形式展示自己的研究成果,少数民族家庭更是穿上民族服装载歌载舞,充满自豪与喜悦。不同地区的文化交融在一起,有效地将文化价值观念渗透给家长与孩子,还能激发家长参与学校教育的积极性,形成教育的合力。

在一系列举措下,家长充分认识到家庭教育的重要性,在各类家庭教育活动中,家长既给孩子树立了榜样,又增加了陪伴孩子的机会和时间,亲子关系更为融洽。此外,家长的文化内涵与家教素养同步提升,在对优秀传统文化的守正创新中,培育出积极健康的家庭文化。

二、场馆合作:场域成为文化育人的重要资源

学校的金石文化扎根于地方特色,主动探索校外资源,与各类金石文化相关的博物馆、艺术馆进行积极合作,建立持久良好的合作关系,将这些场馆作为教学研究基地,为学生提供更丰富的学习资源和实践机会。

挖掘地方独特的传统文化场馆资源具有如下优势:

第一,学习多样的技艺技术。通过与场馆的合作,学生有机会接触到更多金石文化中的独特技艺和技术,不仅能够进一步提升学生的实际操作能力,还能更加增强他们对金石文化的理解和感悟。

第二,培育对本土文化的情感。学校鼓励学生通过参观和学习,了解当地的金石文化历史和传统,从而培养他们对本土文化的认同感和自豪感。

第三,持续的品牌建设与宣传。学校与场馆的合作不仅限于教学活动,还包括品牌建设和宣传。学校与场馆共同举办展览、讲座等活动,通过这些活动,学校的金石文化教育品牌得到了更广泛的认知和认可。

在学校文化生态建构中,不可忽视的是学校内部与外部环境的嵌入关系、多元主体的客观存在,其不仅是学校文化建设的基本背景,同样是学校文化得以互动交往、沟通联络的重要一环。方泰小学金石文化的发展建设离不开学校在文化发展方向上的开放与包容,以实践活动为纽带实现"学校主体—交流主体"的良性互动与合作共赢。学校积极与全国、上海市、嘉定区的艺术文化场馆合作,建立长期合作关系,将参观展馆、邀请授课、现场教学等方式融入学校文化建设的各个方面。

从具体案例来看,例如学校开展了"我怎样创作一枚献礼建党百年的印章"项目化学习活动,以"创作献礼建党百年"印章为主线,教师为引导,学生为主体,将活动设计成三个板块,各板块之间层层递进——

1. 走进韩天衡美术馆:探究印章创作的技法以及印章在现代生活中所承载的意义;
2. 参观中共一大会址:探寻红色足迹,篆刻百年光辉历程;
3. 利用校内金石苑展馆,开展"献礼建党百年印章展"。

学生在整个过程中,分工合作,自主探究,利用头脑风暴、金点子、思维导图等打开思路,形成创作路径,并最终以"篆刻探究学习单""红色革命故事小报""主题印章实物""献礼建党百年印章展"等作为公开成果。

活动中,在韩天衡美术馆,学生以"寻访印文化的奥秘"为主题,围绕驱动性问题:"篆刻艺术距离我们现在有三千多年的历史,但为什么现在这门独特的艺术还一直被人们学习和传承呢,篆刻印章随着时代的发展又有哪些变化呢?"根据美术馆内的参观路线,学生分组参观馆内陈列的印章,并总结不同时期印章的特点,完成印章分类表的填写。接着,在美术馆内开展"探究小挑战——寻找我最喜欢的一枚印章"活动,找寻并描述这枚印章的篆刻形式、篆刻题材、外形特征、印文特点、篆刻技法以及喜欢理由,在小组内交流探讨,梳理印章在不同时期的作用和意义,以及篆刻印章在现代生活中有什么实际的应用。

学生还走进红色主题教育基地——中共一大会址,追溯红色足迹,深入感悟党的光辉历程。在这一过程中,他们将思考:"若以印章艺术的形式向中国共产党成立100周年献礼,我将如何构思与创作?"带着这个问题,学生根据自己在一大会址内收集了解到的红色故事、先烈事迹,选择可以入印的红色事迹词语和红色事迹图像进行创作,党史的关键时刻可通过文字印予以记录,时代变迁则可借助图形印加以呈现。最后,小组合作完成"建党百年"系列主题印章印屏,并借助学校"金石苑"场馆空间,布置展台展示相关作品。

活动从学生的实际出发,考虑到本校学生大多来自外来务工子女家庭,平时很少有机会去各类文博场馆参观,因此组织他们到场馆现场学习,为学生提供开展创造活动最适宜的情境,并以项目化学习的形式,培养学生的调查、研究、信息搜集与实践应用能力,同时开阔其知识视野。学校也借此契机,将场馆教育内容融入金石文化建设体系,使不同场馆承载各具特色的学习内容,以满足学生多元化的学习需求。此外,许多学生通过身份角色的转换,主动担任博物馆讲解员,在实践中进行自主探究式学习,从而深化对"印章历史、篆刻印石、审美演变"等核心知识的理解与认知,加深对金石文化的体会和感悟。

三、校际合作:共享成为文化育人的重要模式

方泰小学在校际合作方面也做出了积极的探索,通过建立书法联盟和篆刻联盟,与其他学校共享资源,互相学习交流经验,共同推动金石文化的发展。这些合作主要包括——

1. 互相学习交流研讨:通过联盟,学校与其他学校定期举行研讨会,开设工作坊,分享各自的教学方法和经验,共同探讨金石文化育人的新思路和新方式。

2. 成熟育人经验走出校园:学校积极将金石文化的品牌辐射效应扩展到更广泛的区域,通过联盟学校之间的合作,将优秀的文化育人理念和实践经验推广到更多的学校和社区。

3. 学习更新教育理念方法:学校在校际合作中不断学习和更新自己的教育理念和方法,通过与其他学校的交流,吸收新的教育思想,丰富育人路径。

从具体实践来看,学校作为上海市篆刻进校园实验校、嘉定区书法篆刻联盟学校的盟主校,先后承办多次上海市篆刻艺术进校园工作推进会、嘉定区校园书法篆刻联盟汇报展示等活动,师生用金石篆刻的形式表现自己对美的向往,对艺术的追求,在提高审美能力和人文素养的同时,也增强了民族自豪感和文化自信心。学校推出《言而

有信《仁者见仁》等金石篆刻课堂教学示范课,教师独特的教学设计,学生扎实的篆刻基本功,以及数字化技术在课堂上的运用都让人印象深刻。学校不断完善金石文化打造的顶层设计,在制度建设、机制构建、氛围营造、基地扶持、资源整合、课程开发等多个方面整体推进,供其他学校参考。通过多种方式的校际合作,历经多年的深耕与努力,形成了以方泰小学为龙头,区域学校抱团发展的态势,在扩大联盟规模、深入教学研究、优化合作共建、推广文化活动等方面取得可喜的成绩。并充分利用区域文化资源,通过文教共建、植根树魂、育苗成才,产生了良好的社会效应,逐步构建起金石文化育人一体化共同体。

学校积极参与江浙沪三地五校"山水情"书画印联展,与无锡市蠡园中心小学、杭州采荷第一小学教育集团、平湖市艺术小学、武义县实验小学共同成立了"书画印艺术教育合作联盟"。还与嘉定区书法家协会联手举行"翰墨薪传——书法家进校园"活动,注重发挥专业团队的作用,结合地区文化资源与特色优势,进一步做深、做精已有的金石文化特色。

方泰小学通过家校合作、场馆合作和校际合作,构建了一个全方位的合作网络。学校的这一创新路径,为其他学校提供了宝贵的经验和启示,展示了教育合作在文化育人中的重要作用和巨大潜力。通过这种合作,学校不仅培养了一批批具有金石文化素养的学生,也为传统文化的传承和发展做出了积极的贡献。

在探讨如何通过文化建设实现学校发展的可持续性时,方泰小学的金石文化生态系统构建为我们提供了一个生动而深刻的案例。方泰小学的文化建设实践表明,文化生态与学校可持续发展之间存在着深刻的内在联系,学校作为文化传承与创新的重要场所,其文化生态的健康与否直接关系到学校的生命力与竞争力。方泰小学选择以金石文化为核心构建文化生态系统,正是基于这一深刻认识。如今,学校的金石文化生态系统建设已然取得丰厚的成果,逐渐在全国范围内树立了良好的品牌形象和社会声誉,这些成果不仅为学校赢得了更多的教育资源和支持力量,也为学校的可持续发展奠定了坚实的基础。这一案例为我们提供了一个有益的启示:在快速发展的现代社会中,学校应该注重文化生态的建设和维护,通过深入挖掘和传承优秀文化的精髓和价值来推动学校的可持续发展。

附：家校协同育人案例

刻在心里的快乐

有一天我看到课程表上多了一门课——篆刻，于是我怀着一颗好奇的心去了篆刻教室。

刚开始我觉得篆刻非常难，连最基本的横竖都刻不直。不过在老师的鼓励和同学们"竞争"中，我没有放弃，逐渐掌握了篆刻的基本技巧。在不断地学习中，我越来越喜欢篆刻这一门艺术，经常沉迷于其中，甚至忘掉自我、忘掉了时间。

后来，我通过不断的学习与训练，在老师的指导下还完成了几套属于自己的作品，如"二十四节气""习近平用典"等，其中"二十四节气"是让我感到最自豪的作品，因为老师说这一套是我的"代表作"。

有一件与篆刻有关的事情让我记忆深刻。我妈妈快过生日了，我特别想送她一份特殊的礼物，要送什么才有意义呢？有一天在上篆刻课时，我突然想到我可以送给妈妈一个生肖印。我妈妈的生肖是猪，于是我每天放学后就去篆刻教室，选图、定稿，在老师的悉心指导下反复修改，终于在妈妈生日的那天大功告成。当我把礼物送给妈妈时，她激动得热泪盈眶。

学习了篆刻以后，我自己也发生了翻天覆地的变化，从原来一个好动、没有耐心学习的人，现在变成了一位有耐心、随时都可以静下来的人。我会一直学习下去，把篆刻这门艺术发扬光大，不仅因为它有几千年的历史，是古人留给我们的礼物，更因为它给我和家人带来的快乐。

（本案例由方泰小学 2019 年毕业生提供）

第六章

砥砺前行:"金石文化"发展思考与未来展望

第一节　由古至今:汉字文化的历史变迁
第二节　现实对接:政策赋予的时代内涵
第三节　不忘初心:文化之路上行稳致远
第四节　未来展望:育人生态的全面建构

金石文化，承载着千年的文脉积淀，见证了汉字从刀刻甲骨到数字赋能的演进，在时间长河中镌刻出中华文明的精神图腾。方泰小学以"金石文化"为依托，探寻教育与文化交融之道，既根植传统，又顺应时代，展现出一条兼具文化深度与教育价值的发展脉络。然而，文化的传承并非固守过往，而是以恒久之韧性，与时代同频共振，在变革中续写新的辉煌。本章以历史为起点，追溯汉字的演变逻辑，厘清金石篆刻的文化渊源；以现实为支点，探讨"双新"政策赋予金石育人的时代价值，梳理跨学科融合的教学实践；以未来为落脚，深思现代技术如何为传统文化注入新生动力，并在守正创新中实现文化的永续发展。金石有痕，文化无界，在新旧交会之际，我们应如何传承经典？在变革浪潮之下，金石文化如何找到面向未来的时代解答？

第一节　由古至今：汉字文化的历史变迁

金石文化不仅是篆刻艺术的承载体，更是汉字发展史的重要见证。从甲骨铭刻的起源，到金文形态的定型，再到篆书、隶书、楷书的演变，金石文化始终镌刻着中华文明的文字记忆。金石篆刻艺术不仅关乎刀法与章法，更关乎文字之道，它承载着语言的符号演进、民族的文化脉络以及书写方式的历史变迁。学校立足金石文化的研究基础，进一步拓展"字文化"研究维度，探索从金石艺术到文字解码、从篆刻实践到阅读认知的深层关系，以更具学科交叉性与时代性的方式激活传统文化教育。学校从汉字的文化根源出发，结合金石文化的发展历程，探究文字、书写与教育的交互路径，为传统篆刻艺术在现代教育中的价值升级提供新的思考。

文字是人类文明延续和发展的基石。纵观世界文明史，每一种古老文明的兴起都伴随着文字的发明与应用。在中国，汉字作为世界上延续使用时间最长的文字体系，承载了几千年的历史记忆和文化血脉。追溯汉字的起源，可以一路回溯到远古时代的刻画符号和契刻记录。在上古传说中，仓颉"察鸟兽蹄爪之迹"，始制文字，反映了先民对于记录信息和传播文化的迫切需求。在文字出现之前，古人采用过结绳记事、岩画图画和八卦符号等方式来传递讯息、记载事件，真正具有体系化意义的文字出现在商代晚期的甲骨刻辞上。龟甲与兽骨上镌刻的文字，便是中国已知最早的成体系文字——甲骨文。甲骨文的发现在学术上开启了古文字学和金石学研究的新篇章，成为连接考古学、历史学和文字学的重要纽带。

与甲骨文同时期或稍晚出现的，是铸刻于青铜器上的铭文，即所谓的"金文"。"金文"一词源于"吉金之文"，指铸造在青铜鼎彝钟铃等礼器上的古代文字，也称为"钟鼎文"。相较于甲骨文的刻写，金文多为铸造时即模刻于范，字体圆润厚重，笔画曲折有力，展现出不同于甲骨文的美学风格。通过对比甲骨文与金文，可以观察到早期汉字在不同时空背景下的演变轨迹：从甲骨文的线刻象形，到金文的铸造繁缛，汉字形体逐步规范化并为后世的篆书体系奠定基础。

中国文字从甲骨文、金文到小篆、隶书、楷书的发展演变，经历了殷商甲骨刻辞的古朴象形、商周青铜器金文的厚重庄严、秦代小篆的整饬均衡、两汉隶书的方正平稳，直至魏晋两唐楷书的规范工整。通过这一演变脉络，可以清晰地看到汉字形体从早期契刻向规范笔写的演进过程，反映出文字所承载功能的丰富，以及书写工具材料的变革对字体发展的影响。汉字发展历程彰显了其体系的延续性与适应性，也体现了中华文化在传承中不断革新的内在动力。正是由于甲骨文和金文等远古文字记载的不断出土与研究，中国逐渐形成了一门专门研究古代铭刻的学问——金石学。金石学侧重于对铭文的记录拓印和考释，通过对文字形态、书体演变和辞例内容的分析，以考证历史、印证典籍，发挥"证经补史"的独特价值。可以说，金石文化作为中华传统文化的重要组成，其核心在于对古代文化与历史的尊重和探索。在漫长的历史进程中，金石文化不仅孕育了深厚的学术传统，也滋养了书法篆刻等艺术形式，对中华文化产生了深远影响。

方泰小学将古老的文字之美融入校园的环境和课程之中，让学生在耳濡目染中感悟文字初源的力量与魅力。走进学校的教学楼，映入眼帘的便是精心打造的字文化长廊。

长廊位于二楼走廊处，陈列着按历史脉络布置的文字发展宣传展板和艺术作品：一侧以图文并茂的形式展现中华文字从上古结绳记事、仓颉造字的传说到甲骨文、金文、小篆、隶书、楷书的发展演变历程，另一侧精选了不同时期富有代表性的篆刻精品和碑帖拓片。师生漫步其间，可以仿佛穿越时空，近距离观摩商代甲骨上的占卜刻辞

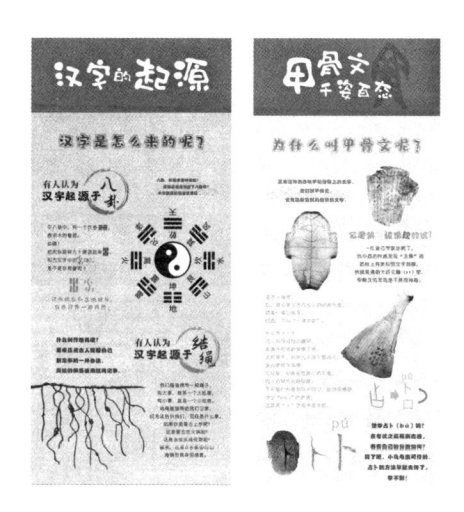

图 6-1　字文化长廊(1)

和西周青铜器上的吉金铭文,领略秦篆的严谨匀称和汉隶的雍容端庄。在甲骨文专题展板前,学生驻足凝视商代甲骨的拓印图像,了解甲骨文发现的经过和学术价值;在青铜展区,可以看到著名青铜器铭文的摹本,例如毛公鼎、散氏盘等铭文片段,体会三千年前金声鼎沸中所传达的历史信息。字文化长廊如同一座小型博物馆,不仅美化了校园环境,更让学生在日常行走中就能接受传统文化的熏陶,逐步形成文化自觉与价值认同。

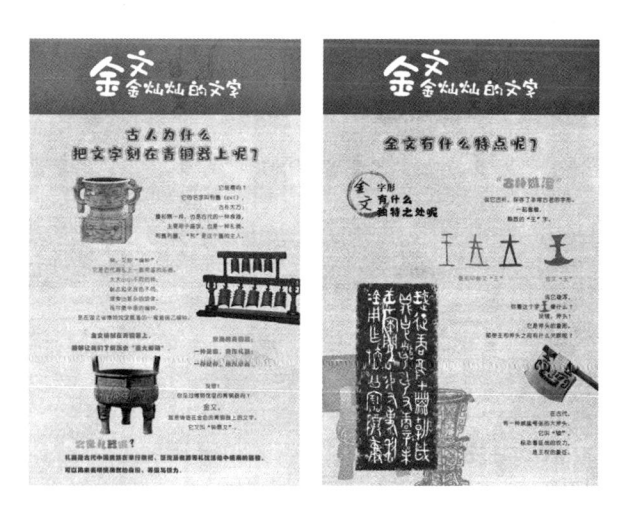

图 6-2　字文化长廊(2)

除了校园环境的浸润，学校还将字文化融入校本课程与活动实践中，以动态的方式实现传统文化的活态传承。在"金石文化节"的专家讲座上，老师为学生讲述"仓颉造字"的古老传说，介绍结绳、图画、八卦、书契等原始记事方法，让学生对文字产生最初的敬畏与好奇。在实践环节，学校设置了"甲骨文发现"体验板块，学生们观摩甲骨文拓片，学习辨认甲骨文字形，在教师指导下用甲骨文、金文及篆书等古文字创作书法作品，古老的文字在学生笔下焕发出了新的生命力。学校根据不同学段学生的认知特点分层设计了系列主题实践活动，各年级循序渐进地开展了各具特色的文化探究，将原本晦涩的古文字知识转化为生动的学习体验。通过校园环境营造与课程活动的双向融合，学校实现了对金石文化的创造性转化和创新性发展。学校的探索诠释了如何将民族传统"化古为今"，真正做到了"点石成金"——将古代金石文化之精华点化为滋养当代少年成长的精神瑰宝。

第二节 现实对接：政策赋予的时代内涵

"双新"改革，即新课程改革和新教材改革。新课程改革的核心在于转变教育理念，其"新"主要体现在课程目标、课程结构及课程管理的全方位调整。在课程目标方面，新课程从传统的"知识传授"向"核心素养"导向转变，强调学生创新能力、实践能力及综合素养的培养，使学生能够适应未来社会的发展需求。课程结构优化则突出学科交叉融合，鼓励跨学科主题式学习，以提升学生的综合应用能力和问题解决能力。此外，课程管理进一步加强，通过强化课程实施的指导、优化课程评价机制等手段，确保新课程改革能够高效落地。与此同时，新教材改革同步推进，其"新"主要体现在教材编制理念、内容呈现方式、实施路径及管理模式等方面。

一、课程改革为文化发展带来的机遇

在"双新"背景下，金石文化的创新迎来了新的机遇与方向。学校积极响应"双新"政策，在以金石课程为代表的校本课程建设上，根据《教育部关于加强中小学地方课程和校本课程建设与管理的意见》中对校本课程的功能定位，即"丰富课程供给，增强课程对学生和学校的适应性。服务学生个性化学习需求，培养兴趣爱好，发展特长；注重引导学生及时了解经济社会和科技等新进展、新成果。体现学校文化，增强学校办学特色，促进教师专业发展"。结合学校金石文化办学特色，基于本校学生实际情况和发展需求，进一步完善学校课程体系，激发学校课程建设活力。学生在校本课程的学习实践中，以"志趣之美"彰显自我个性特长，亲历感悟科学之美、艺术之美、文学之美、健康之美，逐步形成科学意识、数字素养与探究能力，具有积极向上的审美情趣，初步具备文学与艺术鉴赏、表现能力，增进文化理解与认同，掌握健康知识与运动技能，适应现代化社会发展与上海城市生活。

学校的校本课程倡导面向全体学生，关注个性差异，体现因材施教。通过将学校原有的校本课程内容进行梳理、优化，同时融入中华优秀传统文化，以及当今经济社会

与科技的新进展、新成果,根据学校办学特色、教师兴趣特长开发新的校本课程内容,形成"科创未来城""体育健康站""美韵艺术馆""人文阅读团"等四个课程模块的校本课程(见表6-1),从而满足学生丰富多样的个性化成长需求。

表6-1 方泰小学校本课程安排表

校本课程模块	校本课程名称	年级	校本课程模块	校本课程名称	年级
科创未来城	乐高拼搭	一、二年级	体育健康站	心舞飞扬(心理)	一到五年级
	速行车模	一、二年级		梦幻啦啦操	一至五年级
	智能家居	一、二年级		跃动体适能	一至三年级
	AI画艺	三、四年级		极速轮滑	一至三年级
	3D智造	三、四年级		中华武术	一至三年级
	F1科创	三、四年级		花样毽球	二至四年级
	炫动无人机	四、五年级		逸翔飞盘	二至四年级
	创客机器人	四、五年级		欢乐排球	四、五年级
	数艺设计	三至五年级		卡丁先锋	四、五年级
	智慧农场	三至五年级		应急避险	四、五年级
美韵艺术馆	悦音之声	一至五年级	人文阅读团	稚梦儿歌	一、二年级
	墨韵丹青	一至三年级		梦幻童话	一、二年级
	硬笔书韵	一至三年级		科普探秘	二、三年级
	软笔书香	一至三年级		唐风诗会	二、三年级
	中华鼓艺	二至四年级		汉字演变	三、四年级
	非洲鼓艺	二至四年级		时尚海派	三至五年级
	动感街舞	三、四年级		爱赏嘉定	三至五年级
	现代舞艺	三、四年级		沪上大师	三至五年级
	金石华章	四、五年级		宋词雅集	四、五年级
	琼音筝鸣	四、五年级		全景中华	四、五年级

课程改革首先体现在课程目标的定位转变，"双新"政策强调素养导向的课程目标，强调学生在真实情境中的综合实践与文化内涵的整体理解。学校据此在课程设计时确立了更为宏观的育人目标，例如以金石文化为媒介，培养学生的民族文化认同感、工匠精神、审美能力与创新实践能力等，实现对金石文化的整体感知与深度体验。

其次，课程结构的优化与调整也是课程改革的重要环节。"双新"背景下的课程结构强调跨学科融合，鼓励以主题式、综合性、项目化学习为路径，培养学生的综合应用能力与创新思维。例如通过"墨韵丹青""硬笔书韵""软笔书香""金石华章"等课程的项目化设计，使学生系统学习以金石文化为代表的优秀传统文化的历史渊源、艺术特点和技艺基础，逐步构建对优秀传统文化的全面浸润，深入理解优秀传统文化的演变逻辑与审美特征。

在课程实施路径方面，学校遵循"双新"提出的真实情境学习理念，进行了全面的实践探索与理论研究。"双新"强调教学过程要遵循学生的认知规律，强调在真实情境中促进学生主动参与、探究与实践，以激发内在动力，提升学习效能。学校为此在原有"金石文化研学之旅"实践活动的基础上，持续构建了如"小石头带你过新年""小石头带你游中国""小石头带你探历史"等丰富的金石文化实践活动，学生在具体实践过程中实现了知识迁移与综合素养的提升，体现了"双新"政策所倡导的课程理念。

此外，课程管理机制的优化与保障也至关重要。"双新"政策提出强化课程实施的指导与监督，确保新课程真正落实落细。由校长领衔的校本课程领导小组全面负责学校校本课程建设，包括开发、实施、评价、保障等工作。同时成立校本课程开发指导与审核小组、校本课程实施管理小组、校本课程资源保障小组，具体职能见表6-2。

表6-2 方泰小学校本课程建设管理团队一览表

职能小组	领衔人	具 体 职 能
校本课程开发指导与审核小组	分管副校长课程部主任区兼职教研员	对教师的校本课程开发予以专业指导与支持；根据相关要求审核教师申报送审的"校本课程纲要"与学习资源。

续表

职能小组	领衔人	具体职能
校本课程实施管理小组	分管副校长 德育主任 分管教导	协调家长与导师指导学生根据自我实际需求选择适宜的校本课程；做好学生参与校本课程实施过程中的日常管理。
校本课程资源保障小组	分管副校长 总务处主任	联系相关专业场馆，建设校内课程实施场域空间建设，做好安全工作。

学校以学期为周期，通过问卷、访谈、课堂观察等形式了解学生在各门校本课程学习实践中的表现、成果，以及学生对课程的改进建议、希望增设的课程等，调节校本课程对学生需求的匹配度、对学生发展的适应度。鼓励教师根据自己的专业特长，融入中华优秀传统文化，以及新时代社会经济与科技新成果，基于本校学生的特点与需求，进行校本课程开发。同时聘任符合要求的相关领域专业人士进行课程开发，满足多样化教学需要。

学校作为一所地方小学，通过发展学校特色，体现了地方学校在国家政策导向下实现教育均衡发展的典型范例。课程实施中，学校不仅提升了本校的教育品质，更为区域内其他学校提供了可复制的课程改革模式，产生了较好的示范效应。以文化为依托、以素养为导向的育人实践，不仅为区域内其他学校提供了可参考的改革经验，更在理论上提供了立德树人理念与传统文化教育相融合的示范路径。

二、教学变革为文化发展带来的启示

"双新"政策不仅变革课程与教材，也对教学方式提出了新要求，这表现为更加注重学生的主动参与和实践体验。具体而言——

（一）项目化学习

项目化学习，有助于培养学生的自主探究能力和团队协作精神，让学习"发生在学生行动和思考的时候"。例如，设计"古碑拓片研习"项目，小组合作完成从查找资料、实地考察碑刻、动手传拓、撰写说明到成果展示的全过程。学生在项目中扮演研究者和创作者的角色,在真实情境中运用所学知识解决实际问题。

(二) 探究式学习

正如专家所言,学科实践本身"带有探究性"。在教学中创设类似于学术研究的情境,学生在实验、操作、调查、收集与处理信息、表达与交流等探索活动中获得知识,培养能力。例如,引导学生思考"为什么篆刻刀法和书法笔法有所不同""碑刻的文字反映了什么历史背景"等问题,学生通过查阅文献、请教专家、实践操作等途径进行探究,在此过程中培养批判思维和问题解决能力。

(三) 体验式学习

重视亲身体验,在"做中学"。教育专家指出,新课程要求以学科素养形成为导向开展体验式学习,通过情境化、实践化的学习让学生真正获得核心素养。例如,在金石课程教学中创设模拟博物馆情境,举办"小小金石展览"等,能给学生带来难忘的体验,激发持久的学习动力。

(四) 个性化学习

面对不同兴趣和基础的学生,教师应提供多样化的学习路径。"双新"背景下强调落实因材施教,为每个学生提供适合的成长途径。金石文化课程中,经常设置一些拓展任务让学有余力者挑战,如研究某碑帖的书法风格演变。对基础薄弱者则侧重培养基本认知能力。同时借助数字技术,实现个性化学习支持。例如,让对金石篆刻感兴趣的学生通过线上平台选修更高级的课程,观看名家教学视频;利用大数据分析学生作品,指导学生针对性改进。

通过以上教学方式的变革,金石文化课程教学转向了以学习为中心的探究实践课堂,这不仅提高了课堂的生动性和参与度,也真正使"双新"政策落地生根。学生在项目探究、动手体验中,加深了对金石文化的理解,发展了核心素养,印证了科学的教学方式转变对培养学生深度学习和创新意识的积极作用。

三、机制建设为文化发展带来的保障

"双新"背景下,教师观念与能力的转变是关键挑战之一。如何培训和引导教师树立素养导向的教育观念,掌握项目化学习、跨学科整合等教学方法,是落实

"双新"的重要环节。以学校的校本课程建设为例,将校本课程教研组打造为教师学习实践共同体,聚焦校本课程开发与实施中的重难点和关键问题,定期开展常态化教研,探索"双新"理念下的校本课程开发与实施新路径。通过讲座、展示、观摩、论坛、自学等多种形式给予教师充分的专业支持,切实提升教师校本课程建设能力。

同样,在"双新"政策持续深化的指引下,金石文化课程有望迎来更加光明的发展前景。首先,教师专业发展将得到更多重视。通过教研活动、培训进修,培养一批既懂课程改革又精通传统文化的教师骨干,打造跨学科的教师团队来协同授课。其次,教学资源与平台将更加丰富开放。数字技术的发展为传统文化教育插上翅膀,例如建设金石文化课程资源库,汇聚数字拓片、微课视频等供教师共享,利用线上平台实现师生间的作品展示和交流。社会文化机构(如博物馆、文化馆、非遗传承基地等)也将更加主动地与学校合作,共建实践基地,实现资源共建共享。此外,评价与激励机制会逐步健全,优秀传统文化素养也将作为评价要素之一,由此,金石文化课程的学习成果(作品、展示、研究报告等)有望被纳入学生综合素质档案。最后,传承与创新并举将成为趋势,在坚守金石文化经典的同时,育人形式和内容会不断创新,各方合力之下,金石文化课程将获得更加坚实的保障和广阔舞台。

同时,官方和民间组织也积极开展金石文化对外交流,在东南亚、北美等地,不少华人社区和文化机构定期举办金石文化讲座和展览,促进了金石文化在海外的传播。在国内,现代传媒和文化产业的发展也推动金石文化走近大众生活。以往篆刻艺术被视为阳春白雪,但如今越来越多普通人开始喜爱这门艺术,将篆刻视为提升文化修养的一种方式。例如,各地博物馆、美术馆的篆刻体验课程、篆刻夏令营吸引了大量青少年参与,从小种下篆刻的种子。电视媒体上关于金石文化的纪录片、教育节目也相继推出,一些金石篆刻名家走进镜头,为公众讲解金石篆刻之美。这些努力都有助于提高大众对金石篆刻艺术的审美认知,营造传承优秀传统文化的良好社会氛围。金石文化所承载的文化认同意义在现代尤为珍贵,在全球化语境中,让人们触摸到民族文化的根脉。可以说,金石文化在当代不仅是一种艺术形式,更是连接历史与现实、凝聚文化认同的重要媒介。

四、数字赋能为文化发展带来的转型

进入21世纪,金石文化在保持传统精髓的同时,迎来了新的发展机遇和挑战。数字化时代和全球化背景使金石文化的传承与传播发生变化。传统的金石篆刻艺术全凭手工设计刀刻,而今数字技术的兴起为金石篆刻带来了新的工具和媒介,如许多篆刻家开始尝试使用计算机进行印稿设计,借助平板和手写笔在绘图软件中起稿,方便进行字形变形、布局调整和反复修改,极大提高了设计效率。更前沿的数字化趋势是人工智能(Artificial Intelligence,简称"AI")参与篆刻设计,有研究团队建立了"智能篆刻艺术生成系统",该系统利用大量篆刻作品数据训练人工智能,使之能根据输入的文字内容,在不同风格间生成篆刻印面方案。再如,对于古代印章的残损部分,人工智能图像算法可辅助复原缺笔断画。可以预见,数字技术将成为金石篆刻艺术传承的新抓手,在资料数字化、设计智能化等方面为这门古老艺术插上科技的翅膀。

方泰小学在金石文化的物质文化建设上,以数字赋能为文化发展带来转型。学校建设的"AI未来空间"是一个有着鲜明文化特色的多层次人工智能学习场域,它以美育为底色,以"AI+"艺术教育为特色,以科创教育为增色,集成果展示、技术体验、跨学科项目学习、综合活动实践等目标为一体,为学生未来赋能加油。

"AI未来空间"充分考虑学生的个体发展情况和多样化的学习需求,创新性地将"普育—优育—卓育"的教学目标体系架构融入空间设计之中。学生将穿越历史的积淀,体验到传统艺术与现代科技的结合,遨游于未来的海洋。"AI数字走廊""AI交互展厅""AI学习中心""AIGC创新实践工坊"四大空间各有特色,承担着不同的教育功能。

"AI数字走廊"是串联全域的关键通道,学生漫游其中,感受金石传统技艺之美的韵味,遍历人工智能发展的历史,了解人工智能应用的各类真实情境,体会人工智能赋能传统文化的精妙之处,感叹于人工智能背后学科知识的丰腴,更能在走廊的尽头亲手体现可更新的"最新技术成果应用",推动学生的创新想象。

"AI交互展厅"聚焦人工智能技术普及,借助3D沉浸式人工智能创作平台和情景式任务自驱动学习模式,让学生在玩中学、用中学。在AIGC交互体验区,学生运用

AIGC技术（Artificial Intelligence Generated Content，即"人工智能生成内容"），对金石篆刻作品进行再设计、再生成，还能留存、导出作品后轮播展示。人工智能互动体验墙、人工智能金属交互翻转屏、书法机器人、智能交互画等交互学习装置，让学生得以接触到各类人工智能算法，加深对知识的理解和记忆。

"AI学习中心"旨在通过"人工智能机器人"教学具提升学生人工智能的应用能力。教学设备采用智能拼搭机器人学习套装，配套金石特色社团课程，围绕未来生活场景设计，将人工智能常见技术与生活案例融合，以项目学习和解决问题为导向开展教学活动。学生把之前体验到的人工智能技术，通过编程进行应用，锻炼动手能力，提升人工智能技术素养。

"AIGC创新实践工坊"则更加贴近真实生活，配备大语言模型平台。平台具备文生文、文生图、语音合成、语音识别等功能，学生可根据大模型提示进行创作，直接生成代码命令。这里开设的《当传统文化遇到现代科技》跨学科课程，结合人工智能生成内容，利用人工智能大模型技术激发学生创造力，让学生将创意转化为智能产品。

通过各空间的协同建设，学校为学生提供了从基础认知到实践应用，再到创新创造、成果展示的全方位学习场域，助力学生在"AI时代"更好地成长与发展。

第三节 不忘初心：文化之路上行稳致远

学校坚持把金石文化建设与学校的可持续发展结合在一起,构建一个以金石文化为核心的生态系统,这要求学校不仅仅把金石文化视为传统文化的传承,更要通过创新和融通,形成一体化的文化育人生态。在实际操作中,学校将在文化生态的框架内,全面推动金石文化育人的有机实施。学校文化生态系统的建设涉及两方面的内容：首先,是对金石文化的深度理解与应用,确保其在教学、活动、评价等各个环节中充分体现；其次,是通过教育的实践,把金石文化作为育人的核心力量,形成全员、全过程、全方位的育人文化氛围。这两者相辅相成、相互促进,是学校金石文化生态系统得以持续发展的重要支撑。

一、守正与创新的辩证关系

在当代社会,面对科技发展、艺术形式多元化以及文化交流的加速,金石文化如何在坚守传统精髓的同时,适应时代需求、融入现代语境,成为其能否持续发展的关键命题。金石文化的建设,正是对这一问题的深入探索与实践。学校不仅在课程体系中加强篆刻艺术的教学传承,同时结合新兴技术与跨学科融合,赋予金石文化新的生命力。在这一过程中,"守正"与"创新"并非对立,而是相辅相成,二者共同作用,使金石文化得以延续并焕发新的活力。

在文化传承的维度上,"守正"意味着对金石文化核心精神的坚守,其本质在于保留传统文化的精髓,使之不因时代变迁而丧失原有的文化厚度。金石文化不仅仅是一种艺术技法,更是一种精神象征,它所承载的匠心精神、审美标准与文化意义,构成了金石文化的根本价值。

金石文化发展经历了漫长的历史演进,它的传承,需要建立在深厚的文化认知与审美体系之上,其所强调的"精雕细琢""持之以恒"等内涵,不仅体现了传统工匠精神,也与现代教育所倡导的"专注力""创造力"高度契合。因此,在学校的金石文化育人体系中,金石篆刻不仅是技能训练,更是文化自觉的实践方式,是培养学生审美能力、意志品质和文化自信的重要载体,更成为情感传递与文化认同的重要媒介。教师在日常教学过程中,会结合金石文化的历史背景,讲解其如何在不同历史时期发挥作用,让学生理解金石篆刻如何与社会文化发展相互作用,并形成自身独特的文化观。此外,学校还通过跨学科合作,使金石文化的浸润更加立体化。例如,在语文课上,教师可以结合金石篆刻作品中常见的诗词格言,探讨金石与文学的关系;在美术课上,教师可以指导学生如何利用金石篆刻技艺进行现代艺术创作。这种多层次、多维度的学习方式,使学生不仅掌握金石篆刻技艺,也能在不同学科的交叉融合中,深化对金石文化的认知,真正实现"以文化人"。

在现代社会中,金石文化开始向更加多元化、个性化的方向拓展,成为一种"创新"的文化表达方式。例如,学校鼓励学生结合自身的生活体验进行金石篆刻作品创作,如篆刻自己的座右铭、家庭寄语,用篆刻的方式表达对未来的期许,使篆刻作品真正成为个人情感的载体。学生还通过篆刻作品表达对社会现象的观察与思考,在印文设计中融入环保、科技、文化传承等主题,使金石篆刻成为承载社会责任感的文化符号。这样的创新实践不仅拓宽了金石篆刻的表达维度,也使金石文化在新时代焕发出更加生动的生命力。学校举办金石艺术创意展,鼓励学生将金石篆刻元素与海报设计、书籍封面、服装印花等现代设计领域结合,使金石篆刻不再只是传统的艺术形式,而是能与当代艺术设计紧密结合的新型文化符号。

二、文化与生态的相互依存

学校文化是学校教育的灵魂,它不仅承载着教育的精神内核,更以其独特的生态性与文化性,为学校的可持续发展提供了源源不断的动力。

(一) 学校文化的生态性:金石文化的多方联合与持续建设

首先,学校文化具有生态性,它并非孤立存在,而是学校这个复杂系统中的一部分。正如生态系统中不同生物群体之间的相互依存和互动关系,学校文化内部的各个要素也需要在协调配合中共同激发育人活力。学校的文化生态系统并非仅由单一元素支撑,而是各个组成部分互相交织、互相影响。金石文化的建设也恰恰需要遵循这一生态性原则,通过各方力量的共同参与和协作,形成一个有机互动的文化发展体系。

多方联合共建是金石文化能持续发展的关键。金石文化的构建并非学校单方面的努力,而是需要学校内部诸多主体(如教师、学生、管理人员等)与学校外部各种力量(如家长、社区、企业等)联合起来,形成文化发展的合力。在方泰小学,学校深知金石文化的传承与创新离不开各方的支持与合作,因此积极寻求与家长、社区等外部力量的协作,推动家校共育、社区共协等活动的开展。通过这些合作形式,金石文化不仅在学校内部得到了深化与普及,同时也通过与更广泛社会环境的互动实现了文化的多元共生,形成了以文化为纽带、以合作为动力的育人生态。

持续长久建设是金石文化得以深耕细作的基础。文化的建设是一项长期的事业,必须有持续不断地投入和精心地策划。在金石文化建设中,学校始终坚持将其作为一项系统性的工程,通过定期的文化活动和创新实践,不断积累和完善文化资源,不仅延续了金石文化的传统,还不断挖掘其新的文化内涵,使金石文化在时间的流转中得到延续与创新。在这一过程中,学校不仅关注金石文化的外在传承,更注重文化内涵的丰富与深耕,从而实现了金石文化在学校文化生态系统中的长久生长。

活跃多面向是金石文化影响力扩展的有效途径。金石文化在滋养人的过程中,发挥着深远的育人作用。因此,学校在金石文化的建设中,始终关注一切与育人相关的资源、形式,并努力使其在学校教育中得到广泛应用。学校通过开发金石文化课程、建设金石文化实践场域等方式,将金石文化的理念渗透到校园生活的各个方面,成为学校育人理念的重要载体。通过这些举措,学校在不断拓展金石文化应用的过程中,致力于将这一文化内涵转化为具有广泛教育功能的资源。

(二) 学校生态的文化性:金石文化的有机融合与全面育人

生态的文化性意味着在学校文化建设中,要突破传统的主观客观、物质精神的二元对立假设,而是注重二者的有机结合,并最终以文化形态被人们所认知与感受。这要求学校在建设学校文化时,要从建构的、生成的文化中把握育人生态。

在学校文化建设中,面对学校教育、金石文化、立德树人的复杂性,学校没有回避和逃避,而是勇于直面挑战,通过加强对学生成长、人的全面发展的研究,从心灵塑造、文化浸润的意义上将金石文化传承发展。为了实现全面育人,学校致力于构筑一个文化深度融通、和谐共生的育人生态系统,引领并促进学校的可持续发展。

文化与生态，如同并蒂之花，相互依存，互为表里。在学校文化生态的构筑与发展中，我们面临双重维度的深刻理解与把握：

一方面，文化是生态的映射，它深深植根于学校复杂而多元的系统之中，各文化支流需相互交织、和谐共生，方能激发出强大的育人活力与创造力。金石文化的建设发展不仅局限于单一层面，而是要求多方联动、共建共享。这意味着，学校需动员校内外一切积极力量，通过跨领域的合作与交流，形成一个动态平衡、可持续发展的文化生态循环。同时，金石文化的生命力在于其持续性与创新性，通过不断探索新的资源开发途径与运作模式，确保金石文化能够与时俱进，历久弥新。另一方面，生态赋予了文化以更加丰富的内涵与外延。生态的文化性强调打破传统界限，实现主观与客观、物质与精神的深度融合。因此，在学校的文化生态建设中，不仅关注物质层面的建设，更深入挖掘金石文化所蕴含的生态智慧与育人价值，通过心灵塑造与文化浸润，实现学生与文化之间的深度对话与共鸣。

围绕已有的金石文化建设实践与学校发展经验，形成金石文化持续长久建设循环模式。第一，推动资源持续性地开发与创新。建立金石文化资源库管理系统，对文献资料、实物藏品、研究成果等进行分类整理、数字化存储和定期更新。创新项目孵化，设立金石文化创新项目基金，鼓励师生提出创新想法和方案，通过评审后给予资金支持和专业指导，推动项目落地实施。定期举办金石文化成果展示会或交流会，邀请校内外专家、学者、艺术家等参与点评和交流。第二，注重项目周期性与计划性落实。制定详细的长期和阶段金石文化建设规划，细化到月度或周度的具体活动安排，定期对各项活动和项目进行效果评估。

最后，进一步活跃多面向的金石文化育人实践。第一，进一步全面渗透教育教学，使金石文化融入教育教学的方方面面。第二，增加协调合作，推进多主体参与的金石文化的资源建设与教育投入。在年度预算中加大对金石文化建设的投入力度，整合校内外优质教育资源，定期组织教学研讨会、工作坊等培训活动，提升教师在金石文化育人方面的专业素养和能力。第三，注重金石文化对全校师生心灵塑造与文化浸润的功能，进一步切实发挥金石文化的文化生态优势，培养师生高尚的道德情操和人文精神，激发爱国情感和文化自信。

第四节 未来展望：育人生态的全面建构

方泰小学在金石文化建设的过程中，秉承"立本生道"和"文化立校"理念，致力于通过金石文化的深度挖掘与创新，推动学校的持续发展。尽管取得了一定的成果，学校的文化建设之路仍任重道远，未来的任务是持续深化金石文化的内涵，拓宽其应用领域，并推动其在教育实践中的全面融入与发展，全面建构学校文化育人生态。

一、持续推进金石文化内涵发展

在理念设计上，学校将继续秉持"点石于大美，成金于无言"的核心理念，推动学校文化的持续创新。具体来说，进一步深化文化与教育的融合，强化金石文化在育人生态系统中的核心作用，致力于构建一个文化融通的育人生态，推动文化的深度融入和可持续发展。

在文化定位上，学校将继续承担起金石文化传承和创新发展的责任，进一步对现有的金石文化进行系统性的梳理与整合。在这一过程中，学校不仅会总结和提炼金石文化育人的成功经验，还将更加注重依托学校这一平台，进一步依靠专业教师团队和外部专家力量，形成更加深刻的金石文化育人实践，从而在更大范围内产生更广泛的影响。

在持久发展上，学校将继续关注金石文化育人实践的总结与反馈，并通过经验总结、反思改进，确保金石文化建设的长期有效性。学校将继续推动质量管理体系的建设，确保在教育教学中不断优化金石文化的运用，同时注重思想的创新和行动的突破。为了保持金石文化文化育人的生机与活力，学校将注重灵活性和适应性，探索更加符合当代教育需求的金石文化发展模式。

二、全面激发金石文化育人合力

具体而言，方泰小学未来的金石文化建设主要分为四个方面，注重从多主体、全过程、全方位关注育人生态建构,并进一步将金石文化生态创新发展以实现文化育人合力的生成,具体包括提升教育主体生态价值的引导力、促进教育客体内在自觉的实践力、优化金石文化育人环境影响力、整合金石文化文化育人载体协同力四个方面,推动实现"四力合一"的育人效能提升。

(一) 要进一步提升教育主体生态价值的引导力

一是强化教师素养建设。教师在金石文化育人生态中扮演着至关重要的角色,作为文化传承的桥梁,教师不仅是知识的传递者,更是文化的承载者与创新者,这是金石文化能够深入人心、发挥育人效能的基础。教师可以在自我提升的过程中,不仅通过业余时间进行个人学习,还可以通过定期举办的教学研讨会、技艺分享会等活动,分享经验与心得,促进彼此之间的学习与进步。

二是团队建设与师资培养。着力加强教师团队建设,尤其是"衡石青年社"的建设与发展。建立金石文化学习共同体,鼓励教师通过市、区各方资源的共享与合作,进行跨区域、跨领域的学术研究,推动教师对金石文化的全面理解和创新性教学。

(二) 促进教育客体内在自觉的实践力

学校将完善校本学习材料编写,精选具有代表性的金石文化精品与民族精神教育素材,让学生继续深化感受传统文化的魅力与力量。同时还将注重学材的趣味性与实用性,激发学生的学习兴趣与参与热情。整合语文、美术、科学、人工智能、劳动等多学科资源,通过跨学科的知识融合与实践探索,让学生在学习中体验文化创新的乐趣与价值。

(三) 优化金石文化文化育人环境的影响力

推进金石苑转型建设,从传统的陈列馆向博物馆转型,不仅展示学校金石文化发展的历史与成果,更将成为金石文化知识传播与研究的中心,使其成为一个集教育、科研、展览、交流于一体的综合性平台。学校邀请知名专家学者、艺术家及文化名人来校开展指导讲座、建立工作坊、布置展览等活动,丰富"金石苑"的文化内涵,提升其在社会上的影响力与知名度。

(四) 整合金石文化文化育人载体的协同力

一是通过现代技术赋能金石文化建设。学校将致力于打造沉浸式学习环境,模拟古代书房、篆刻工作室等场景,利用虚拟现实(VR)、增强现实(AR)等现代科技手段,开发金石文化主题的数字体验项目。全面利用互联网、大数据、人工智能等先进技术手段,推动金石文化的现代化发展。

二是推动网络化、信息化课程开发。学校将加速网络课程的开发与应用,进一步拓宽金石文化育人的受众面。基于现有的校本课程,开发金石篆刻数字互动课程,并通过移动端、PC端等平台呈现课程内容,不仅可以为本校学生提供丰富的学习资源,也为更广泛的社会群体提供学习机会。此外,学校还将建设在线学习社区和互动平台,为学生提供一个交流、分享和展示作品的空间,促进学习共同体的形成与发展。

三是构建校家社协同育人机制。应当继续加强与家庭和社区的联系与合作,积极构建校家社协同育人机制,邀请家长和社区成员携手策划和组织展览、讲座、工作坊等文化活动,增强家长与社区成员对金石文化的理解和认同。鼓励学生走出校园,参与社区的文化建设与服务,借此传递金石文化的精髓,并通过实际行动让金石文化在更广泛的社会群体中生根发芽。

方泰小学未来的金石文化建设将围绕提升教育主体生态价值的引导力、促进教育客体内在自觉的实践力、优化育人环境影响力以及整合育人载体协同力四个方面,通过多主体参与、全过程覆盖、全方位渗透的育人生态建构,为培养具有深厚文化底蕴和创新精神的时代新人贡献力量。

精诚所至,金石为开。在方泰小学金石文化建设促进学校可持续发展的进程中,每一位师生都用自己的行动实践了这句古训。古人云:"锲而舍之,朽木不折;锲而不舍,金石可镂。"所有的方小人必将在开拓和实践中追求不断完善、不断前进、不断成功。以学校文化生态建设促进学校可持续的道路是可行的、成功的,我们相信,这一中华文化之花必将越开越灿烂。

后　记

在构思以及提笔撰写书稿的这段时间,我一直在思考:在探索传统文化与现代教育融合的征途中,我们该怎样以金石文化为脉络,以育人为核心,以创新为驱动,整体构建学校的特色文化生态体系呢?这本书,便是对学校开展文化建设历程的真实写照。回顾本书的行文,前五章详述的是学校金石文化建设的理论依据、发展脉络、体系构建、实践过程和文化创新,最后一章则聚焦于现实与未来,在新时代背景下,如何以金石文化为基底,展开系统性、深层次的探索,不仅要挖掘传统艺术的精微要义,更要借"双新"政策之东风,建设具有人文精神与时代特色的文化生态。回望学校百余年发展的历程,从艰难的创立探索期到改革发展期,每一阶段的学校文化建设都契合了时代的需求,回应了社会发展的呼唤。在挖掘和传承金石文化时,我们从未拘泥于传统的固有形式,而是在历史与现实的交会中寻找发展的着力点,不断赋予金石文化新的时代内涵,使之焕发出蓬勃的生机与活力。

首先,"双新"政策引领教育从传统的知识本位走向以核心素养培育为导向的全面发展路径,为学校特色课程发展提供了崭新的实践契机。在这一背景下,学校以金石篆刻艺术为载体,重新审视金石文化育人的实施路径,推动课程改革从单纯的知识性传授向全面的素养型培育转型。围绕"双新"提出的素养培育目标,在课程设置中更加注重对学生自主探究精神、实践创新能力及跨学科融合素养的培养,在课程内容、课程实施、课程评价等方面实现全面转型。

其次,回首这本书从最初在脑海中萌芽,到历经无数次的构思、撰写、修改,直至最终完稿的历程,我始终在不停地反思——我们所构建的学校文化能给师生带来怎样的影响?尤其在当前知识更迭迅速、文化潮流多元的时代背景下,如何确保金石文化的建设不是流于表面的形式,而是能够实实在在地融入学生的学习生活、扎根于教师的日常教学,体现于学校的教育管理,真正发挥文化育人的功能呢?身为一名教育工作者,我清楚地认识到学校文化的建设绝非孤立的个体行为,更不是简单机械的行政任务,而是关系到教育初心能否坚守、文化认同能否塑造、价值取向能否确立的系统工程。一所学校真正具有强大生命力的文化,是能够不断顺应时代的发展需求,积极回应时代关切,持续汲取师生的情感、智慧与创造力,从而形成有机的、有活力的文化生态体系。就如学校"金石长廊"在最初规划的时候,我们没有预见到它最终会以如此丰富多彩、生动鲜活的姿态出现在师生们的眼前。当我亲眼看到学生们在文字展板面前停下脚步,眼神中充满好奇与专注;看到教师们在连廊间热烈地展开交流,切身感受优秀传统文化的魅力,我才深深地体会到,学校文化真正的价值,远远不止于形式上的创新,更在于它能否触动师生内心深处,引发强烈的文化共鸣。

文化建设的核心主体是人,人的成长与全面发展才是所有教育行动的根本出发点和最终归宿。教育者的使命,是要像春风化雨一般,用细腻且温暖的方式,让优秀文化如涓涓细流,缓缓地渗透进学生的内心世界,内化为他们的品格与素养,成为陪伴他们一生的宝贵财富。正是出于这样的考量,我时刻提醒自己,要怀揣着一颗敬畏之心,去认真审视学校文化的力量,真实、全面地展现学校文化建设的思考、探索与坚守。当今世界,文化多元交流、碰撞交融日趋频繁,学校持续开展的金石文化育人实践,为传承中华文明、提升文化自信、培养具有全球视野与本土情怀的时代新人提供了具体路径与实践样本。历史的回音与时代的步伐在此交会,传统的坚守与创新的尝试在此融合。回想此书的撰写过程,每一个章节的确定,每一段内容的打磨,也是一次次对学校文化建设历程的再审视与反思。书稿虽然已经完成,但教育的征途仍在继续,这本书不仅是对学校文化建设的阶段性总结,更是激发我们继续前进的精神起点,我们将带着对传统文化的敬畏、对教育事业的热爱,持续前行。

图书在版编目(CIP)数据

点石成金：学校文化特色建设的思考与实践 / 姚忠著. -- 上海：文汇出版社，2025.7. -- ISBN 978-7-5496-4545-9

Ⅰ．G627

中国国家版本馆 CIP 数据核字第 20251G5F85 号

点石成金——学校文化特色建设的思考与实践

著　　者／姚　忠

责任编辑／钱　斌
封面装帧／达　醴

出版发行／文汇出版社
　　　　　上海市威海路 755 号
　　　　　（邮政编码 200041）
经　　销／全国新华书店
排　　版／南京展望文化发展有限公司
印刷装订／启东市人民印刷有限公司
版　　次／2025 年 7 月第 1 版
印　　次／2025 年 7 月第 1 次印刷
开　　本／720×1000　1/16
字　　数／210 千字
印　　张／13.75

ISBN 978-7-5496-4545-9
定　　价／60.00 元